中国旅游发展年度报告书系

Annual Development Report of China's Tourism

中国旅游集团发展报告2016

——大数据与旅游集团成长

ANNUAL REPORT OF CHINA TOURISM GROUPS DEVELOPMENT 2016

中国旅游研究院

北京·旅游教育出版社

责任编辑：郭珍宏

图书在版编目(CIP)数据

中国旅游集团发展报告. 2016 / 中国旅游研究院编著. -- 北京：旅游教育出版社，2017.7
ISBN 978-7-5637-3585-3

Ⅰ.①中… Ⅱ.①中… Ⅲ.①旅游业发展—研究报告—中国—2016 Ⅳ.①F592.3

中国版本图书馆 CIP 数据核字（2017）第 145088 号

中国旅游集团发展报告 2016

中国旅游研究院　编著

出版单位	旅游教育出版社
地　　址	北京市朝阳区定福庄南里 1 号
邮　　编	100024
发行电话	（010）65778403 65728372 65767462（传真）
本社网址	www.tepcb.com
E-mail	tepfx@163.com
排版单位	北京旅教文化传播有限公司
印刷单位	北京中科印刷有限公司
经销单位	新华书店
开　　本	787 毫米×1092 毫米　1/16
印　　张	9.25
字　　数	120 千字
版　　次	2017 年 7 月第 1 版
印　　次	2017 年 7 月第 1 次印刷
定　　价	58.00 元

（图书如有装订差错请与发行部联系）

《中国旅游集团发展报告 2016》编委会

主任委员

戴　斌

编　委（按姓氏音序排序）

戴　斌　蒋依依　李仲广　马仪亮　宋子千　唐晓云
吴丰林　吴　普　夏少颜　杨宏浩

《中国旅游集团发展报告 2016》编写组

主　　编：戴　斌
执行主编：吴丽云
编 写 组：李仲广　吴丽云　杨宏浩　侯晓丽　战冬梅
　　　　　何琼峰　苏　娜　李梦莹　柯曾洁　邓　涛

目 录
CONTENTS

在 2016 中国旅游发展论坛上的讲话 ················· 王晓峰　1
众声喧哗的时代，旅游集团优雅地成长 ················ 戴　斌　3

第一编　2016 年中国旅游集团发展报告

第一章　大数据时代已经到来 ·································· 2
　　一、从数据到大数据 ·· 2
　　二、大数据推动经济、社会、政治变革 ······················ 3
　　三、大数据迎来科学研究和舆论传播热潮 ···················· 6
　　四、国家战略助推大数据产业发展 ·························· 7

第二章　大数据成为新时期企业竞争的根本方向 ··············· 11
　　一、旅游需求的多样化要求企业更具针对性地进行市场分析 ··· 11
　　二、产品供给的泛旅游化要求企业依托数据加速资源整合 ···· 14
　　三、政府大数据的应用和开放为企业创新发展提供机遇 ······ 16
　　四、跨国经营的常态化要求企业善用大数据参与国际竞争 ···· 18

第三章　大数据时代的应用基础 ······························ 20
　　一、政府持续投资为大数据应用开发奠定发展基础 ·········· 20
　　二、企业管理运营为大数据应用开发提供数据基础 ·········· 26

第四章　大数据时代的企业变革 ······························ 33
　　一、大数据助推旅游新产品出现 ··························· 33
　　二、大数据推动旅游新业态形成 ··························· 35
　　三、大数据实现企业精准营销 ····························· 38
　　四、基于大数据的企业生态圈构建 ························· 40

第五章　旅游大数据任重而道远 ······························ 43
　　一、各类科技研发投入尚有较大提升空间 ··················· 43

二、中小企业科技研发主体地位有待提升……………………………… 48
　　三、旅游企业大数据研发尚处于起步阶段……………………………… 49
第六章　旅游大数据的未来……………………………………………………… 52
　　一、政府：推动大数据的开放与共享…………………………………… 52
　　二、企业：加快建设大数据开发应用体系……………………………… 55
　　三、社会各界积极推动行业大数据应用和研究………………………… 56

第二编　2016年中国旅游发展论坛实录

圆桌论坛一　大数据与商业应用………………………………………………… 60
圆桌论坛二　大数据与旅行服务………………………………………………… 69

第三编　2016年中国旅游发展论坛专文

中国旅游集团公司战略构想………………………………………张学武　82
加大产业整合，创新提升产品和消费者的经营能力……………刘　毅　89
技术创新与旅行服务………………………………………………孙　洁　94
旅游企业集团的国际化发展
　　——来自锦江国际探索实践的几点体会………………………王国兴　98
对中国旅游产业发展的战略性思考………………………………段　强　101
电信大数据跨界洞察与商业应用…………………………………梁宏志　106
中青旅旅游大数据应用……………………………………………林　军　109
数据是下一个宗教…………………………………………………洪清华　112
为行业做"增量"……………………………………………………于　迪　115
大数据的未来，做旅行者的大白…………………………………舒　展　119
旅游大数据的价值挖掘……………………………………………谭　昶　123
市场快速变化，用户驱动企业成长………………………………刘　怡　127

附录　2016年中国旅游集团20强……………………………………………… 132

在2016中国旅游发展论坛上的讲话

国家旅游局副局长 王晓峰

各位企业家，同志们，朋友们：

大家上午好！

由中国旅游协会和中国旅游研究院共同组织的"2016中国旅游发展论坛"今天召开，论坛面向我国广大旅游集团企业，已经连续举办8年，已成为影响中国旅游产业发展的品牌论坛，我很高兴和大家共同出席今年的大会。

今年以来，我国旅游经济平稳运行，国内旅游消费和投资两旺，入境旅游渐入复苏周期。前三季度，中国国内旅游人数33.6亿人次，国内旅游收入2.9万亿元人民币，入出境旅游总人数1.94亿人次，同比分别增长11%、13.5%和3.7%，中国已连续四年成为世界第一大出境旅游消费国。展望全年，旅游经济发展目标将全面实现。

当前，我国旅游正按照创新、协调、绿色、开放、共享五大发展理念，创新发展模式，致力从"景点旅游"走向"全域旅游"。随着全域旅游工作深入推进，各地旅游发展环境日臻完善、旅游支撑保障体系日益健全，不断释放社会和市场投资旅游的热情，旅游发展基础得到进一步夯实。我们注意到，当前我国旅游业已经成为项目投资、创业创新、拉动需求的重点领域。

在良好的发展环境下，我国旅游市场主体建设也取得了明显的进展。在旅游集团方面，以港中旅、国旅合并为代表的兼并重组显示出旅游产业整合的新格局、新动向。我们也注意到产业出现的新业态，特别是大数据、科技应用、产品创新等方面新业态的发展带来的新动力，例如中国电信和腾讯网推出的旅游服务，度假租赁产业等共享经济方兴未艾，等等。旅游企业的发展有力带动全行业投资增长。2016年上半年，全国旅游业实际完成投资4211.5亿元，较上年同期增长30.5%。其中，民间投资表现活跃，上半年投资2412.8亿元，同比增长27.1%。与此同时，我国旅游企业的海外布局加快，以海航为代表的涉旅企业打造的各种全球旅行服务体系引起国内外广泛关注。正是在上述各方面力量的推动下，我国旅游集团的企业数量和企业规模都在迅速扩张，旅游业也成为我国创业创新最活跃的领域之一。

可以说，我国旅游经济发展目标的全面实现，离不开大家的共同努力。受李金早局长委托，在此，我代表国家旅游局向各位企业家表示感谢。

正是基于上述认识，我认为本次论坛以"新格局　新动力　新发展"为主题，围绕资本兼并重组和大数据科技两方面深入研究旅游集团发展战略，为推动旅游集团发展推波助力，是完全符合当前旅游经济发展新要求和旅游集团成长新趋势的。

我希望同志们要积极利用好当前旅游经济发展战略机遇期，进一步研究旅游市场的新形势和旅游经济发展新动态，积极谋划年度和中长期举措，服务国家旅游发展战略。参会的企业都是行业的大集团，是行业的中坚力量，更要加强研究研判，把握战略机遇，避免业务规划和投资布局失误。

我希望同志们进一步增强旅游企业的竞争力，进一步扩大旅游企业在国家经济格局中的影响力。加快培育若干国际知名、影响力较大的旅游集团。

我希望各位企业家肩负起更多的社会责任，在国家旅游局的全域旅游、厕所革命、旅游扶贫、旅游人才培养和旅游市场秩序整顿、服务质量提升等方面发挥更大的作用。

最后，我希望进一步发挥旅游行业协会和专业智库的作用，共同推动我国的旅游市场主体提质增效，推动我国的旅游产业转型升级。

祝论坛圆满成功！

众声喧哗的时代，旅游集团优雅地成长

中国旅游研究院院长　戴　斌

尊敬的王晓峰副局长、段强会长，各位业界同人，朋友们：

上午好！

七年前，我和时任中国旅游协会秘书长的刘志江同志商量，为助力"旅游强国"战略，该做些什么呢？本着"没有强大的市场主体，就没有旅游强国的产业基础"这一共识，报请杜江副局长同意后，研究院和协会决定共同搭建一个旅业界高层对话的平台，培育一个旅游产业的领导方阵，并向社会传递旅游商业共同体的价值取向，以及对时局的看法。落实到实践层面就是现在的"中国旅游发展论坛""中国旅游集团20强"和《中国旅游集团发展年度报告》。时间过得很快，转眼七年过去了，这三个小目标也都坚持下来了。刚才听了中国旅游集团董事长张学武先生、携程旅游集团首席执行官孙洁女士、首都旅游集团总裁刘毅先生，特别是段强会长的演讲，真切的感受就是，有这样的思想、格局和能力兼备的商业领袖群体，我们对旅游市场主体的成长，对旅游强国战略的信心更足了。从今年的数据来看，受资本推动的兼并重组和"互联网+""旅游+"深度融合的影响，中国旅游集团20强的营业收入（交易额）总额已达11400亿元人民币，首次跨越了一万亿元的门槛，20强俱乐部的入门资格也首次突破100亿元。其中，携程、中国旅游、海航旅业的营业额/交易额均超过一千亿元。我相信，这些数据将和各位商业领袖、企业商号一道，载入中国旅游发展的史册，在这个大众旅游、大众创业和万众创新的时代，成为旅游集团自信而优雅地成长的象征。

摆在同志们面前的研究报告完稿已经有一段时间了，但是"优雅成长"这个词则是两天前才最终确定的。上个周末，证监会主席在公开演讲时说，"用来路不正的钱，从门口的野蛮人变成行业的强盗，这是不可以的"。这个观点在投资和工商业引起了很大的反响，我是一名旅游学者，无意参与不熟悉领域的研讨，只想说以自己和所在机构掌握和了解的案例、信息和数据来看，旅游市场主体特别是第一方阵的旅游集团在做大做强的过程中，尽管也借助了产融结合的资本力量，但是总体上坚持了产业基本面与市场基本面相一致，坚持了"中国服务"的商业思想，坚持了"数据驱动的自主研发与商业创新"的商业实践，为广大游客提供丰富多彩的旅游产品和优质服务，光明正大而优雅从容地成长。

同志们，朋友们：

在大众旅游与国民休闲的时代，市场主体发育与成长的现实土壤从来没有像今天这样深厚。政府主管部门定期公布的季度和假日旅游经济数据，还有中央和地方政府发布的一波接一波的产业促进政策，都让我们有理由对旅游投资和市场运营保持积极乐观的预期。根据中国旅游研究院专项课题组的调查统计和专业测算，2016年国内旅游人数和入出境总人次将分别达到44.0亿人次和2.59亿人次，旅游总收入达到4.65万亿元，旅游对国民经济和社会就业的综合贡献均已超过了10%。虽然城乡居民的日均休闲时间没有增加，甚至今年还有所减少，但从休闲活动的空间距离、出行交通方式和休闲内容上看，人们的休闲质量在提高。多数城市的中等收入阶层每个季度都会安排远程出游，每个月都会中近程的周末出游，每周则会安排就近休闲或者说"微旅游"。我们与中国电信共建的旅游大数据联合实验室，还有与携程、同程、途牛、中国银联、Visa等机构联合发布的微观旅游消费数据，都充分表明了大众旅游和国民休闲时代的市场基础是厚实而活跃的。相对于一些资源枯竭和需求下行的行业，旅游市场的大数据让本领域的商业活动有了自信和前行的底气。

在开放与共享的经济中，旅游市场主体的创业创新空间从来没有像今天这样广阔。良性的产业格局应当是由大集团主导、不同业态的中小型企业在竞争中创新、小微型创业主体持续涌现的格局。现在旅游产业格局正在向着这个方面演化，既有稳中有进的大型旅游集团，也有初生牛犊不怕虎的"90后"创业者，还有不知从哪个领域中冲进来的黑马。这很好啊！记得在去年西双版纳的第七届年会上，我们确定了"开放与共享"的主题。很高兴看到这两个关键词与之后中央提出的五大发展理念不谋而合，更高兴的是看到了市场主体的商业实践已经将这些理念变成了现实。我和我的同事在中国旅游科学年会上，之所以将唯一的"旅游思想者"颁给罗军先生，是因为途家让我们看到了在投资新建和增量拉动以外，旅游住宿领域存量调整的商业可能。去年这个奖项的获得者是梁建章博士和携程的创业团队，是因为他们敏锐地把握了大众旅游和互联网时代的格局与趋势，并以持续完善的商业模式代言了时代。事实上，今天的旅游市场主体和企业家不仅是旅游思想的实践者，也是旅游思想的始创者。需要说明的是，我是从与旅游消费主体相对的角度讨论旅游市场主体的，所有愿意并且能够为旅游者提供商业服务的企业都是旅游市场主体。先后经历了以景区观光为代表的团队游客、以生活体验为导向的自助游客、以共享消费为特征的休闲游客等演化历程，今天的旅游消费主体已经高度多元化了。除非细分再细分，否则任何简单化的画像都不足以完整描述作为整体的旅游市场。需求侧的共享必然要求供给侧的开放，从星级酒店到旅游住宿，从旅行社到旅行服务，从A级景区到旅游资源，从旅游大巴到旅行交通，从旅游餐饮到社会餐饮，等等，旅游产业的概念和内涵已经发生了翻天覆地的变化。

在国民经济和世界旅游发展的战略格局中，旅游市场主体从来没有像今天这样的社会声誉和国际影响力。为什么那么多的地方政府和机构要成立旅游产业基金？为什么下个周末的央视财经论坛首次将旅游作为一个主题？为什么旅游外交会成为热词？是由于旅游市场的繁荣和旅游产业的兴旺，资本、科技、文化、传媒等社会各界对旅游的关注度显著提升。过去的一年中，我们看到了已经进入中国市场的国际酒店集团持续扩张中的本土化创新，看到迪士尼、环球影城等新项目的开业和动工，更看到了锦江、携程、海航、万达、开元、金陵、海昌等旅游集团，还有一些金融和产业投资机构，积极主动地谋划全球战略布局。这次发布的旅游集团20强营业额/交易额之所以比上年有40%的增长，全球化并购重组导致的财务并表因素贡献很大。其实，互联网推动的新需求和新业态让旅游产业的边界变得日益模糊直至消失，资本的全球化流动也使得旅游资源和旅游市场的经济边界越来越虚化。数年前在世界旅游与旅行理事会（WTTC）的香港业界专题研讨会上，我们就"中国应当，也可以在世界旅游经济体系中发挥更加重要作用""年轻人正在改变旅游的世界"等观点达成共识，现在来看，这些理念正在逐步成为现实。相信在不远的将来，我们能够看到更多的五星红旗在欧洲、美洲、非洲和亚太地区的酒店、度假地、滑雪场、邮轮的上空飘扬，人们谈起各位企业家及其名下的商号和品牌时，就像我们谈起社区的超市、餐馆、咖啡馆和精品店那样自然。

同志们，朋友们：

在为成就而自豪的同时，我们还要看到未来更为广阔的产业成长空间，更要看到当下面临的变化。这些变化固然可以从大数据、研究报告和专题会议中获得，也可以从日常生活中有所感知。很多时候，秋天的来临是由落叶看见的，春天的温暖则是浮在水里的野鸭感知的。半个月前，我的学生李薇来办公室聊天，她现在负责绿地集团华北区的酒店和物业项目，典型的"80后"，聊起业务，她说想与首旅的如家小镇合作，因为从公开的文案看，这个项目有内容，即年轻人所说的IP。现在的酒店也好，或者其他什么名称的休闲度假空间也罢，经营成功与否的关键不再是渠道、价格和电商平台，而是你有没有内容以满足人们对当代生活品质的诉求。当她说"生活""社群""社交""IP"这些名词，间或很自然地带出一些时下的歌手、模特、电影等人物和事件时，我知道继资本、技术和商业模式之后，一个融入生活、创造品质的时代，已经来到我们的面前。

对这些趋势的把握和基于趋势的战略决策，总是需要专业而系统的数据支撑。数据是为使用者服务的，大数据是为决策者服务的。在近期涉及大数据的演讲中，我会区分Macro Data（宏观数据）和Big Data（大数据）。前者主要是服务于政府的公共决策和旅游集团的战略决策，后者的应用面则要广泛得多，比如把人的空间移动的轨迹做成热力图在电视台播放，就会增加传播的有效性。可是我们对数据，特别是旅游大数据不能只停留在表层的解读上。现在有一种不太好的现象，对于一些重大的战略部署，总想着走捷径。比如对"一带一路"的响应，就想着做个"起点""平台"的区域定位，或者做一台相关主题的歌舞；对中国制造2025和中国服务2030的呼应，就反复念叨着大数据、IP、R&D、VR、AR那几个名词。似乎开会、发文件，说几句话、摆个Pose就能够把梦想实现了。天底下没那么简单的事情！一些做数据和用数据的机构常常会说"干货"这个词，以强调商业机构不要谈什么情怀和大势，能够帮着赚钱才是硬道理。问题是不同的人在不同阶段对"干货"的理解是不同的，对于旅行社门店的负责人来说，所有区域的潜在旅游客群、消费意向和决策过程的数据是干货；对于专做欧洲高端定制旅游的公司CEO而言，高收入净值人群、加盖三次以上远程目的地国家签证的护照数、国际航线的头等舱和商务舱的日供座位数量等数据是干货；而对于从事国家旅游工作的领导者和大型旅游集团的决策者而言，旅游经济总量及其变化、汇率和物价指数的变动等数据就是干货。因此，在讨论大数据时，一定要先明白我们所需要的是哪个领域和哪个层面的大数据。因此不管在哪个层面上，都不能只是空谈，必须得有专业的人去做专业的事情。

数据是需要人处理的，越是复杂、系统和全面的数据，越是需要专业人员的分析和研究。数据承载信息，大数据承载全信息，包括需求、供给、市场和产业发展方向，以及商业决策所需要的全部信息。但是大数据所蕴含的信息并不是显化的，并不是说你需要什么，开个方子，马上就可以去药房的某个格子里取来就用。在数据的采集、清洗、生产、脱敏、发布和使用的每个环节，都要有专业人员的介入。没有富有临床经验的医生，再高端的化验和检验设备所得来的患者信息也无法自动形成医疗方案。旅游大数据也是如此，没有合适的专业团队和参谋人才，可能数据越多，决策越懵圈。当然，我们也不能一说专业人员，就想着实验室里一群穿白大褂的科技人员，每个人都拥有计算机、统计学、金融工程、生命科学等领域的博士学位。对于绝大多数公司而言，还是应当在应用层面谈数据问题。

旅游大数据一旦形成，必将成为公司业态创新和战略转型的自发驱动者，也会成为国家旅游经济发展的新动能。安彼迎（Airbnb）积累了分享经济和旅行住宿领域的大数据以后，发布了进入旅行服务领域的新战略。布丁酒店的朱晖先生说他们的"爆米花酒店"和"都市夜游"两个项目，均来自于用户预订和消费行为的数据分析。铂涛酒店集团一家传统意义的自有酒店都没有，之所以被资本市场给出上百亿元的定价，固然与其自营和加盟的酒店数量有关，必须说还与十年累积的数千万会员和数以亿计的消费行为数据有关。从这个意义上看，数据是商业价值，也是可以用来交易的。希望我们的企业家能够理解数据的价值，务实推进企业研发中心和民间智库的建设进程。像中国旅游集团的研究院、锦江国际的研究中心这些已经走在前面的机构办好了，完全有可能成为旅游领域的贝尔实验室、布鲁金斯学会和松下塾的。只有具备这样的软实力做支撑，旅游强企和旅游强国的战略目标才有可能真正实现。

2017年快要到了，希望数据、科技、文化、资本和人才等新要素，为旅游集团和旅游市场主体提供全新的动力支撑，共同开创旅游经济发展新格局。

最后，请允许受权依序发布 2016 年度中国旅游集团 20 强：携程旅游集团、中国旅游集团公司、海航旅业集团有限公司、锦江国际(集团)有限公司、同程网络科技股份有限公司、华侨城集团公司、北京首都旅游集团有限责任公司、万达旅游控股公司、开元旅业集团有限公司、南京金陵饭店集团有限公司、上海春秋国际旅行社（集团）有限公司、景域国际旅游运营集团、安徽省旅游集团有限责任公司、广州岭南国际企业集团有限公司、众信旅游集团股份有限公司、杭州市商贸旅游集团有限公司、黄山旅游集团有限公司、山东银座旅游集团有限公司、中青旅控股股份有限公司、大连海昌集团有限公司、福建旅游发展集团有限责任公司。

谢谢！

第一编
2016年中国旅游集团发展报告

第一章 大数据时代已经到来

大数据已成为涌入全球经济各个领域的洪流。在过去的20年，数据产生速度越来越快，据国际数据公司IDC报道，2011年产生和复制的数据量超过1.8Z字节，是过去5年数据量增长的9倍，并将以每两年翻倍的速度增长。大数据已成为事关经济社会发展全局的战略性产业，是全球高科技产业竞争的前沿领域。2014年，全球大数据市场增长速度达53%，总体规模为285亿美元。到2017年，全球大数据市场收入将达500亿美元，意味着从2011年起连续6年年复合增长率将达38%。2012—2013年，在欧美国家1217家营业额收入超过10亿美元的企业中，643家企业制定了大数据战略，其中7%的企业至少投入了5亿美元，15%的企业至少投入了1亿美元发展大数据。中国市场情报中心有关统计显示，2012年中国大数据市场规模为4.5亿元，同比增长40.6%，到2018年，中国大数据市场规模将达到463.4亿元。大数据的快速发展，使之成为信息时代的新"石油"，也成为当前最具发展潜力的新兴产业。

一、从数据到大数据

数据是进行各种统计、计算、科学研究或技术设计所依据的数值，数据表示的是过去，关注、表达的却是未来。大数据是指那些大小已经超出了传统意义上的尺度，一般的软件工具难以捕捉、存储、管理和分析的数据。大数据具有四个典型特征：

第一，容量大（volume）。无处不在的传感器、微处理器、计算机终端和互联网的广泛应用，为海量数据的集聚创造了前所未有的条件，大数据的容量正不断突破人们对数据的认知。南加利福尼亚大学的马丁·希尔伯特（Martin Hilbert）研究估算，2007年，人类存储了超过300E字节的数据。同时，数据的数字化程度也在不断提升，2000年，数字存储信息只占全球数据量的四分之一，到2007年，只有7%的数据存储于报纸、书籍、图片等媒介上，其余全部是数字数据。

第二，多样性（variety）。信息技术的普及，使新的数据来源和新的数据种类不断增加。政府、企业、消费者都已成为数据信息的重要来源。当前的数据来源扩展到社会生活的方方面面，从天文、天气、交通、医疗等公共服务领域，到产品、服务、交易等企业生产、服务领域，再到消费者消费偏好，数据种类日益丰富，来源渠道更加广泛。

第三，高速度（velocity）。当前，数据正呈指数级增长，其增速之快正不断更新人们的认知。人类存储信息量的增长速度比世界经济的增长速度快4倍，而计算机数据处理能力的增长速度则比世界经济的增长速度快9倍。谷歌首席经济学家哈尔·范里安（Hal Varian）对数据和信息产生的速度进行了研究，他估计2000年新产生的数据量为1000P字节到2000P字节，但到2010年，全球企业一年新存储的数据量就超过了7000P字节，全球消费者新存储的数据量约为6000P字节。

第四，高价值（value）。大数据之大，并不仅仅在于容量大，更在于通过全数据整合、分析、使用，人类可以发现新的知识，创造新的价值，为企业发展带来新的商业模式，为消费者提供更好的生活、消费体验，为政府管理部门提供更具针对性的管理方法和路径。同时，数据作为一种创新资源，具有其他创新资源无法比拟的优势，它可以被重复利用，可以被无数人同时利用，通过数据之间的整合，可以产生新的价值和效用。大数据时代的经济学、政治学、社会学和许多科学门类将会发生巨大的甚至是本质上的变化和发展，进而影响人类的价值体系、知识体系和生活方式。

二、大数据推动经济、社会、政治变革

大数据正成为推动时代转型的重要力量。基于海量数据的整合、分析、应用，将成为经济、社会、政治创新的重要来源。

1. 大数据挖掘和应用是营销创新、产品创新、商业模式创新、业态创新的重要来源，也是经济进步、产业发展的重要推动力量

大数据正如一座隐藏的宝藏，许多企业已经关注到这一将推动未来经济变

革的重要力量，加大对大数据的投资研究。如美国的通用电气投资15亿美元在旧金山建立全球软件和分析中心，拟雇佣400名数据科学家，实现基于大数据分析的产品研发。在此基础上，国内外商业界对大数据的应用研究已经实现了初步的突破，大数据在推动经济进步、产业发展方面的作用正不断显现。

通过对历史数据的分析，探求事物之间的相关关系，从而做出与之相适应的营销推广策略，扩大产品销售，已成为当前大数据应用最重要的领域。零售巨头沃尔玛通过销售数据挖掘，发现啤酒和尿布、飓风和袋装食品"Pop-Tarts"之间的销售关联，推出捆绑销售策略，取得良好的销售效果。亚马逊则根据顾客的购买习惯，进行个性化推荐，实现精准营销，从而贡献了亚马逊三分之一的销售额。产品创新也是数据产业化的重要路径之一，通过对已有信息的数据化，推出更符合当前人们消费习惯的新产品。如谷歌翻译，利用海量的数据化了的文本，与谷歌翻译软件相结合，不断改进机器翻译服务。亚马逊则通过书籍数据化，将纸质书籍转变为电子书，推出Kindle电子书，适应了消费者阅读习惯的改变，打造出全新产品。

大数据的使用，也成为传统企业进行商业模式创新和转型发展的重要路径。英国的劳斯莱斯企业，以生产汽车和发动机为主要业务。在过去的十几年中，通过分析发动机产品使用过程中收集到的数据，提供发动机有偿监控服务，并在发动机出现故障时，提供进一步的维修和更换服务，把发动机制造业务转变为制造加附加服务，实现了商业模式的转型。目前，民用航空发动机部门大约70%的年收入来自其所提供服务所赚取的费用。

大数据的深度挖掘和利用，还衍生出全新的产业业态，一批新企业由此而生，不断完善已有的商业产品和服务。大数据在金融领域的创新，衍生出消费者信贷评价类公司，如费埃哲公司（Fair Isaac Corporation，FICO），通过对结构化大数据的处理，利用借款人过去的信用历史资料和信用习惯，运用15~20个变量评价借贷者的信用等级，为银行业提供服务。泽费昂斯公司（ZestFinace）通过分析模型对信贷申请人上万条原始信息数据进行分析，得出超7万个指标，从而精准评估消费者的信用风险。运用该方法评价后的信贷者，其违约率比行业平均水平低60%左右。利用文本数据分析，做市场预测，由此形成基于数据分析的新型公司。如伦敦的德文资本（Derwent Capital）和美国的马克赛（MarketPsych）通过分析微博的数据文本，作为股市投资的重要依据，由此形成了依托大数据的对冲基金公司。国内的阿里巴巴公司，利用电商交易平台数据，分别推出了针对小微企业的"阿里小贷"和针对个体消费者的"芝麻信用"，根据平台交易数据分析判断小微企业和消费者的商业信用，进而为企业提供贷款，对消费者进行信用评估，供金融机构、消费品企业使用。大数据的出现，推动了以数据收集、分析、处理为核心功能的数据中间商的产生。美国的尹瑞斯（Inrix）是交通数据处理公司，通过提供免费的交通信息，获取了来自欧美国家近1亿辆汽车的实时交通数据，通过对历史交通数据和实时天气、时事等信息的综合分析，预测交通状况和经济情况，将数据销售给政府、汽车商、车队等。

2. 大数据的挖掘和应用，为大众创新提供了新的路径，极大地提升了社会福利

基于数据的创新将带动人类社会各个领域实现巨大的飞跃。大数据的开放、开发和利用，为预防灾难，提高民众福利，推动社会进步提供了新的可行路径。谷歌公司通过将美国人最频繁检索词条和美国疾控中心发布的流感传播季数据进行比较，构建特定的数学模型，能够有效、及时地发现流感传播点，便于及时采取措施，控制疾病传播。通过对海量数据的分析，可以比疾控中心更早发现疾病转播源头，变革了公共卫生领域。美国政府成立了data.gov的数据开放网站，全美航班起飞、到达、延误的数据免费开放，基于公共数据的免费开放，研发了一个免费的航班延误时间分析系统（Flyontime.us），可以查询分析全国各次航班的延误率及机场等候时间，成为民众乘机、候机的行动指南，大大节省了民众的等候时间，提升了公众福利。

3. 大数据的广泛应用，为政府部门的决策、管理和创新提供了前所未有的帮助

各国政府对大数据应用的重视，近年来不断增强。美国是最为重视大数据的国家。2009年，奥巴马就任美国总统之后，就在联邦政府设置了全新职位首席信息官。2010年，美国总统科学技术顾问委员会向总统和国会提交了《规划数字化的未来》的报告，该报告提出，联邦政府的每一个机构和部门，都需要制定一个应对大数据的战略。2012年，美国政府宣布投入2亿多美元启动"大数据发展研究计划"，推动大数据的提取、存储、分析、共享和可视化。新加坡也是运用大数据进行政府治理的典型代表。2014年，在新加坡政府经济发展委员会的资助下，新加坡成立了德勤数据分析研究所（DAI），致力于引领政府和企业对于数据的研究和应用，同时新加坡政府还资助几所大学开展大数据和大

数据分析的研究活动。

大数据的深度挖掘，为政府部门的管理提供了创新思路和方法，在提升管理效率的同时，也促进了经济的发展。美国曾推出"地图映射和数据驱动的治安管理"，通过对地图数据、犯罪数据、交通数据的挖掘，确定犯罪高发地点和时段，进行针对性治理，取得了非常显著的效果。国内企业腾讯，也运用大数据分析技术，与公安部门合作，帮助国内多个城市进行人流疏导和打击犯罪。美国政府通过政府信息的免费发布和共享，推动社会各界运用免费数据进行商业创新，极大地促进了社会经济的增长。如美国海洋与大气管理局发布的天气数据，据美国经济学家韦伊尔（Rodney Weiher）估算，仅受益于这一免费数据的全国发电厂，每年节省的经费可达1.66亿美元。普华永道的研究结果则表明，2000年，美国天气风险管理行业的产值是欧洲的近60倍，是亚洲的146倍，这一产值规模与美国的免费数据发布模式关系密切。

三、大数据迎来科学研究和舆论传播热潮

自国家旅游局2014年开展"智慧旅游"行动以后，全国旅游学界、媒体等机构也都积极回应旅游产业界和政府主管部门的需求，大力推广大数据在旅游行业的专项研究、研讨和传播，2015年相关理论文章已经超过1000篇。2013年中国旅游研究院成立国家旅游经济实验室，提出建设国家级旅游大数据平台的目标。2014年，北京联合大学旅游学院与IBM联合打造并成立了"旅游大数据协同创新中心"，北京第二外国语学院成立了"中国旅游大数据研究中心"。这些高校科研机构旅游大数据专业研究中心的成立和一系列专项研究成果的发布，对我国旅游信息化领域内学术研究、支撑旅游公共信息服务、促进传统旅游产业升级、旅游信息化专业人才培养等方面起到了一定的推动作用。2015年，旅游大数据论坛作为世界旅游互联网大会的主题论坛之一在杭州召开，人民网舆情监测室与中国社科院新闻与传播研究所传媒调查中心联合多家机构发起了"中国旅游大数据联盟"，国内外旅游互联网领军人物、科研院所顶尖教授、政府机构、知名旅游企业高管以及相关行业代表就旅游大数据话题展开了广泛讨论，如何利用大数据促进旅游产业转型升级等发展思路日渐明晰，为旅游大数据的研究和传播等提供了强有力的智力服务。

四、国家战略助推大数据产业发展

近年来，国家层面对大数据的发展日益重视。国家领导人在正式和非正式场合均表达了加快发展大数据的战略构想。2012年以来，习近平总书记关于大数据发展有很多精辟的论断，如"大数据是工业社会的'自由'资源，谁掌握了数据，谁就掌握了主动权""信息资源日益成为重要生产要素和社会财富，信息掌握的多寡成为国家软实力和竞争力的重要标志""这项工作（大数据）做好了，对国家、对社会、对企业、对民众都是有好处的"等，对大数据产业发展给予了明确的定位。李克强总理在政府工作报告和国务院常务会议上，多次提到大数据产业发展问题，提出要加快发展云计算，打造信息产业新业态，推动传统产业升级和新兴产业成长，要利用大数据、物联网等新技术打造服务贸易新型网络平台。对大数据的重要性也给予高度评价，"不管是推动政府的简政放权，放管结合，还是推进新型工业化、城镇化、农业现代化，都要依靠大数据、云计算。所以，它应该是大势所趋，是一个潮流。"国家领导人关于大数据的论断，为我国大数据产业的发展指明了方向。

经过多年的科技创新战略培育，我国的大数据建设基础也在不断改善。无论是网络宽带、电信基站、物联网，还是统计工作的组织网络等基础工程建设都取得很大进展。经过863、973等多项国家创新工程的实施，我国数据应用的社会基础正在逐渐成形。如同公路、港口、码头、机场、电力等交通基础设施是国家和地区"起飞"与发展的前提条件，大数据基础设施建设是大数据产业发展的重要前提。2013年8月，国务院发布的《"宽带中国"战略及实施方案》强调，"到2020年，我们宽带网络基础设施发展水平与发达国家的差距大幅缩小"。党和国家在大数据技术基础设施建设方面的战略部署，引领并推动了我国大数据产业的基础设施建设，全面推动我国旅游大数据产业的发展。

从国家政策角度，一系列相关政策的出台，进一步明确了大数据在产业创新发展中的作用，企业在大数据存储、应用、开发以及产业化发展中的地位日益提高（见表1-1）。2012年国务院出台《"十二五"国家战略性新兴产业发展规划》，明确提出支持海量存储、处理技术的研发和产业化。2013年，国务院出台《关于促进信息消费扩大内需的若干意见》，进一步提出要增强信息产品供给能力，形成行业联盟，构建大数据产业链。2015年6月，《国务院办公厅关于运用大数据加强对市场主体服务和监管的若干意见》发布，提出政府要运用大数据提高为市场主体服务的能力,推进政府和社会信息资源开放共享,提高政府运用大数据的能力,进而提升国家竞争力。2016年3月,《中华人民共和国国民经济和社会发展第十三个五年规划纲要》明确提出实施国家大数据战略,推动政府数据开放共享,深化大数据在各行业的创新应用,探索大数据与传统产业协同发展的新业态模式。

表1-1 近年来国家、部委及地方出台的大数据相关政策

时间	部门	政策行动名称	政策行动详情
2012年7月	国务院	《"十二五"国家战略性新兴产业发展规划》	明确提出支持海量数据存储、处理技术的研发和产业化
2013年8月	国务院	《关于促进信息消费扩大内需的若干意见》	推动商业企业加快信息基础设施演进升级,增强信息产品供给能力,形成行业联盟,制定行业标准,构建大数据产业链,促进创新链与产业链有效嫁接
2015年3月	国务院	制定"互联网+"行动计划	推动移动互联网、云计算、大数据、物联网等与现代制造业结合,促进电子商务、工业互联网和互联网金融健康发展,引导互联网企业拓展国际市场
2015年7月	国务院	《关于运用大数据加强对市场主体服务和监管的若干意见》	运用大数据加强对市场主体的服务和监管,明确时间表
2015年9月	国务院	《关于促进大数据发展的行动纲要》	打造精准治理、多方协作的社会治理新模式;建立运行平稳、安全高效的经济运行新机制;构建以人为本、惠及全民的民生服务新体系;开启"大众创业、万众创新"的创新驱动新格局;培育高端智能、新兴繁荣的产业发展新生态
2016年6月	国务院	《关于促进和规范健康医疗大数据应用发展的指导意见》	顺应新兴信息技术发展趋势,规范和推动健康医疗大数据融合共享、开放应用
2015年4月	发改委	《创新投资管理方式建立协同监管机制的若干意见》	提出运用互联网和大数据技术来创新监管的方式
2015年5月	工信部	编制实施软件和大数据产业"十三五"规划	大数据产业第一次明确出现在规划中
2015年6月	国家信息中心	联合深圳大学成立深圳大数据研究院	致力于充分融合双方优势,打造大数据领域新型创新载体,推动我国大数据技术、人才与产业化发展
2015年6月	工信部	加快推动云计算与大数据标准体系建设	将加快云计算与物联网、移动互联网、现代制造业的融合发展与创新应用,积极培育新业态、新产业,加快推进云计算与大数据标准体系建设

续表

时间	部门	政策行动名称	政策行动详情
2016年1月	发改委	《关于组织实施促进大数据发展重大工程的通知》	通过一批重大工程项目实施，有效促进数据要素流通，以数据流引领技术流、物质流、资金流、人才流，推动社会生产要素的网络化共享、集约化整合、协作化开发和高效化利用，创造新的增长点，加快实现经济发展方式转变
2016年4月	发改委等10部委	《推进"互联网+政务服务"开展信息惠民试点实施方案》	提出打通政务数据部门孤岛的具体措施，鼓励政企合作开发数据
2016年8月	发改委	《关于请组织申报大数据领域创新能力建设专项的通知》	未来2~3年，建成一批大数据领域创新平台，为大数据领域相关技术创新提供支撑和服务
2013年5月	广东	《广东省信息化发展规划纲要(2013—2020年)》	自2013年之后8年内要从推进大数据商业化应用、推动政务大数据应用两方面入手，大力促进大数据普及应用
2013年7月	重庆	《重庆市大数据行动计划》	2017年将大数据产业培育成全市经济发展的重要增长极
2013年7月	上海	《上海推进大数据研究与发展三年行动计划（2013—2015年）》	数据硬件及大数据软件产品具备产业核心竞争力
2014年2月	贵州	《关于加快大数据产业发展应用若干政策的意见》	打造大数据产业发展应用新高地，建成全国领先的大数据资源中心和大数据应用服务示范基地
2014年2月	贵州	《贵州省大数据产业发展应用规划纲要(2014—2020年)》	推动大数据开发应用，发展大数据服务产业
2014年5月	江苏	《江苏省云计算与大数据发展行动计划》	到2015年,江苏省云计算与大数据发展规模达到2000亿元，初步构建形成云计算与大数据技术体系、应用体系、产业体系和安全保障体系，完善云计算与大数据融合发展的生态环境
2014年9月	江苏	《智慧江苏建设行动方案（2014—2016年）》	加快政务数据开放，建成统一的政府数据开放平台和信息资源共享服务体系
2016年2月	浙江	《浙江省促进大数据发展实施计划》	加强大数据基础设施建设，利用大数据完善社会治理，提升政府服务和管理能力
2016年4月	广东	《广东省促进大数据发展行动计划（2016—2020年）》	促进大数据产业创新发展，推动经济发展动力转换、结构优化和转型升级，打造全国数据应用先导区和大数据创业创新集聚区，抢占数据产业发展高地，建成具有国际竞争力的国家大数据综合实验区

续表

时间	部门	政策行动名称	政策行动详情
2016年6月	福建	《福建省促进大数据发展实施方案（2016—2020年）》	加强基础设施和数据资源建设，推动数据共享，改进政府治理方式
2016年8月	北京	《北京市大数据和云计算发展行动计划(2016—2020年)》	到2020年，北京大数据和云计算创新发展体系基本建成，成为全国大数据和云计算创新中心、应用中心和产业高地。全市将打造10个以上大数据和云计算创新应用示范工程，大数据和云计算从业企业预计达到500家以上，打造千亿元级产业集群，形成首都新的经济增长点
2016年8月	江苏	《江苏省大数据发展行动计划》	加快江苏省大数据产业发展，推动政府治理和公共服务能力现代化，促进经济社会转型升级
2016年9月	湖北	《湖北省大数据发展行动计划（2016—2020年）》	到2020年，将湖北建成国内一流的大数据应用示范基地、产业发展高地、资源集聚洼地和创新人才孵化中心
2016年10月	山东	《山东省人民政府关于促进大数据发展的意见》	完善基础设施，推进大数据采集、共享、开放和交易，促进大数据的公共应用
2016年11月	内蒙古	《关于印发促进大数据发展应用若干政策的通知》	积极推进内蒙古国家大数据综合试验区建设
2016年11月	海南	《海南省促进大数据发展实施方案》	到2020年全省要基本建成大数据智慧化应用体系，建立基于大数据的经济社会管理新机制，大数据产业成为新的经济增长点

无论是国家领导人的讲话还是国家系列政策的出台，都表达出国家层面对大数据发展的重视，政府的数据共享和企业的数据创新应用，应该是未来一段时间我国大数据产业发展的重点。我国已进入创新驱动转型的新阶段，企业是产业创新发展的主体，应充分发挥各类企业在大数据业态创新中的重要作用，推动大数据产业对各行各业的数据化改造和创新模式发展，以此推动社会和经济的发展。

第二章　大数据成为新时期企业竞争的根本方向

大数据开启了一次重大的时代转型，大数据的使用将会产生新的生产率增长和消费浪潮。消费者每天通过通信、浏览、购买、共享和搜索，形成巨大的数据流。企业利用业务运营、交易中产生的海量数据或第三方数据，进行针对性的数据分析、挖掘，设计更好的匹配消费者需求的产品。大数据已覆盖全球经济中的每个部门，成为不可或缺的生产要素，推动企业实现产品创新、服务创新、商业模式创新和营销创新等，大数据的使用将成为企业竞争和增长的重要基础。利用数据驱动战略进行创新、竞争和获取价值，将是越来越多企业的全新发展战略。大数据的重要性已经引发了越来越多的企业家的关注，阿里巴巴董事局主席马云在2016年10月的演讲中提到"未来三十年，90%的企业都不得不数据化，未来三十年，数据将成为真正最强大的能源"。大数据对于旅游企业的发展也同样重要，当代旅游企业的竞争正由资本、产品竞争转向大数据驱动的创新竞争。

一、旅游需求的多样化要求企业更具针对性地进行市场分析

当前，我国旅游需求正进入快速发展期。2015年我国人均GDP超过8016美元，已步入休闲度假旅游快速发展时期，旅游日益成为居民日常生活的重要组成部分。从1985年到2015年，我国国内旅游人次由2.4亿人次增长到40亿人次，增长16.7倍，旅游出游率由23%增长到298%，增长近13倍（见图2-1），相当于每个国民一年中出游2.9次，旅游已成为我国居民常规性的消费活动，旅游产业已步入大众旅游发展新时代。

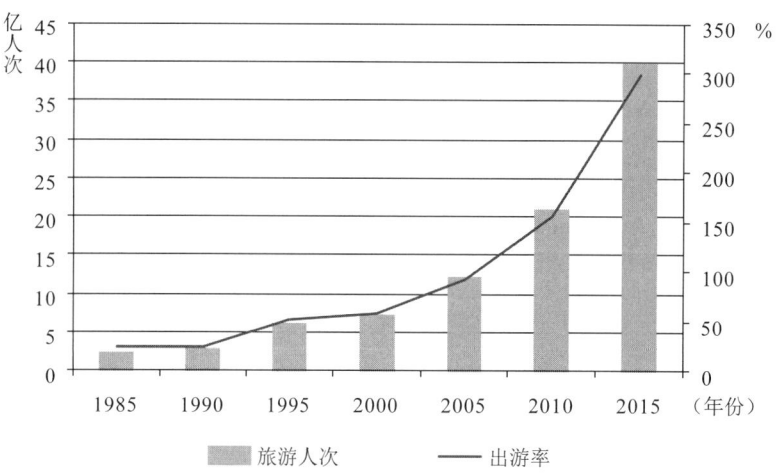

图 2-1　1985—2015 年国内旅游人次及出游率

数据来源：中国旅游统计年鉴、中国旅游发展报告2016。

2015年，国内散客所占比例已超过96%，散客化时代已经全面到来（见图2-2）。当游客由团队游时期的标准产品、固定线路游览，转变为散客游时期的自选产品、宽敞空间游览时，多样化、个性化、非标准化需求的彰显，对旅游企业的产品、服务开发和提供、运营管理都提出了更高要求。同时，游客数量的快速增长，使得以往凭借经验进行游客消费需求预判的传统方式逐渐失效，客观要求企业必须及时做出调整，以更加方便、适用的新技术获取消费者的需求信息，并做出相应调整。借助大数据技术，实现对消费市场多样化需求的预测，并进行针对性的销售、运营和管理，已成为部分先行企业正在进行的事情。美国迪凡斯动物园与IBM合作，利用IT设备、传感器、仪表、移动终端、天气预报等获取来访游客信息，通过大数据分析来访游客的消费习惯，进而改变了运营的各个环节。依照大数据分析结果进行营销调整，动物园的在线售票量一年增加了700%，通过精准化营销，动物园的会员转化率从3%提升到9%，实现3倍增长。

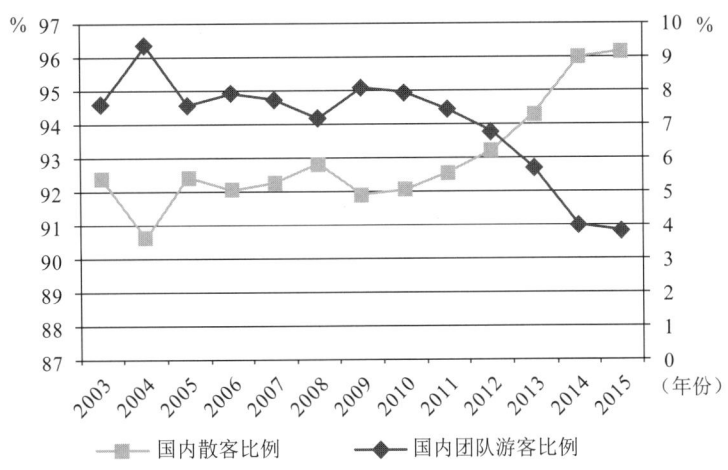

图2-2　2003—2015年国内团队游客和散客比例

数据来源：中国旅游统计年鉴、中国旅游发展报告2016。

年轻人正成为旅游消费的主体，45岁以下旅游者占总出游人数的70%，1980年以后出生的旅游者占出游总人数的52%。美国著名消费者行为学家所罗门认为："改变消费者行为的许多生活方式都是由年轻消费者所推动的，他们不断地重新定义什么是最热门而什么又不是。"年轻消费者在引领消费变革的同时，追求时尚、个性化的消费偏好和自由、自主的价值观投射在旅游休闲活动中，一是对个性化、休闲化旅游产品的偏好更加突出；二是在出游方式的选择上更强调"我的行程我做主"，自助游特征显著。以年轻人为主体的消费主体个性化旅游的需求，要求企业能够针对年轻人的旅游特点创新性地提供旅游产品，进而引导、满足他们的旅游需求。

散客化出游方式和年轻人出游主体，令旅游需求变得更加碎片化、分散化和个性化，旅游者更加强调体验性。因而，对需求的把握不能只停留在传统的经验判断和定向研究的基础之上，而应该有量化的基础支撑，通过实验研发和大数据分析来把握需求趋势。只有正确地把握需求趋势，企业才能采取正确的产品研发措施和制定长远的发展战略。目前，很多旅游企业已经在自有大数据积累的基础上，对旅游市场需求进行精准研发，推出相应的旅游产品，并发布相关研究报告，积极引导整个市场供给。2.5亿携程用户群体每天带来的浏览、预订等行为数据都接近4T，携程利用这些游客大数据信息发布了春节旅游、定制旅游、出境旅游、老年旅游等一系列研究报告。旅游社交网站蚂蜂窝等企业一开始就有意识地把企业产品建立在大数据之上,实施大数据反向C2B(电子商务中消费者到企业的商业模式)创新战略,通过UGC(用户生成内容)渗透旅游交易环节。

二、产品供给的泛旅游化要求企业依托数据加速资源整合

中国旅游产业已步入大众旅游和国民休闲的新时期,在资本、技术、创新和需求的推动之下,旅游产业边界正日益开放。跨行业主体的涌入、旅游资源的泛化以及旅游服务供应商的扩大化进一步推动了旅游产品供给的泛旅游化发展。对日益泛化的旅游产品供给者和业务领域不断拓展的传统旅游企业而言,通过数据挖掘,实现已有资源领域和新进入资源领域、原有业务和新开拓业务的整合,充分发挥资源间、业务间的协同效应,提高整体联动效果,成为企业加快发展的重要要求。

1. 跨行业投资者广泛介入旅游产业发展,如何集成已有资源优势和新进入市场资源优势,需要依托数据进行系统把控

传统产业增速放缓,旅游业的高成长性使其成为多行业企业跨界发展的优选产业。2016年以来,华策影视等投资景域旅游、圆通快递和大洋集团投资度假酒店、探路者投资绿野中国、中国家居收购中国神舟航天乐园、隆力奇公司打造养生小镇、绿地集团开发山东泰安文旅项目、富士康投资滴滴出行等,跨界投资企业来自影视业、物流业、地产业、服装业、家居业、日化业、制造业等多个行业,投资领域涉及在线旅游企业、酒店、户外旅游、旅游小镇、旅游综合体、在线用车等多个领域。跨界投资主体的广泛性及投资领域的多样性,决定了跨行业投资主体需要对新进入行业有清晰的判断,借助大数据技术可以分析、预判行业发展趋势,明确发展方向,选择适合的旅游项目,保证投资的战略效果。在从育儿网转向创办途牛网时,途牛网的创业者们以投诉数据分析为切入点,快速找到旅游行业发展中的痛点,从而确立了在线休闲旅游的发展方向,并发展成为这一领域的佼佼者。

2. 旅游服务供应商的扩大化要求进一步加强供给的集成性和系统性

旅游业性质的转变、互联网和移动互联网技术的广泛引用,散客化时代游客消费行为的变化,共同推动旅游业内涵和外延的扩展,旅游服务供应商的范围不断扩大。酒店业向旅游住宿业转变,囊括了从不同档次酒店到非标准住宿

等不同业态。旅行社业向旅行服务业转变，涵盖了从旅游线路到旅游前、中、后各阶段的单项和综合性旅游服务。旅游景区向休闲度假旅游业转变，从封闭式景区到开敞式旅游空间，旅游资源也不断泛化，泛旅游景区发展趋势明显，旅游综合体、旅游小镇、乡村、城市、无景点旅游等成为旅游发展的新领域。传统旅游交通向多主体、多层次交通转变，包括了飞机、火车、汽车、高铁、动车以及自驾车、在线租车等多种方式。旅游购物由原来的定点购物店向城市购物场所和网上代购、免税店等购物体系转变。餐饮由定点餐厅向目的地餐饮体系和线上外卖平台转变。随着旅游服务商范围的不断拓展，原来适用于传统模式的经营、管理、营销模式正面临市场变化的新挑战。更加泛化的旅游服务范围，使得供给的集成性和供给系统本身的协调性变得更为重要，旅游企业更需要通过大数据分析，把握更加宽泛的消费者群体的需求趋势，以此提供更符合市场需求的新产品、新服务及产品和服务的新组合。

3. 旅游集团的日益综合化要求企业实现内部资源的整合和分享，充分发挥各业务间的协同效应，提升集团整体竞争力

近两年，旅游企业间并购重组步伐不断加快，企业的业务链不断拉长。2015年，携程和去哪儿、美团和大众点评网、滴滴和快的合并被称为旅游界三大合并事件，同时首旅收购如家、锦江收购铂涛，成就了国内第一、第二大酒店集团，大体量的收购合并，使2015年成为近年来旅游界兼并重组影响最大的一年。2016年，港中旅和国旅战略重组、同程和万达旗下旅行社重组、锦江收购维也纳酒店及百岁村餐饮、华侨城战略重组云南世博集团等，并购重组依然是旅游企业业务精进和整合发展的重要路径。旅游企业在并购重组中，一方面通过投资同类企业，提升本企业在专业市场上的竞争力；另一方面通过投资并购具有互补作用的企业，增强企业间的业务协同效应，进行综合化市场拓展，做长产业链条，做大生态圈。业务内容的日益综合和产业链的不断延长，对企业整合内部资源，发挥内部各部门、业态间的协同效应提出更高要求。依托自有大数据信息，通过分析和挖掘，实现内部资源的再分配和再利用，提升资源价值，创造全新产品。海航集团旗下有航空、实业、旅游、资本、物流、科技六大板块，拥有丰富的自有大数据资源，海航生态科技集团在对海航集团大数据资源采集、加工、整理的基础之上，实现各集团之间资源的整合利用，充分发挥各业务部门之间的协同优势。如针对旅游板块的游客出行，推出跨境通信产品。整合通信、旅游、资本等资源，推出白打卡，以优惠甚至免费的通信服

务吸引用户，围绕用户提供航旅出行、金融理财等综合性服务。整合通信和航空资源，计划推出航旅卡，实现用户飞行里程和手机话费间的互惠互换，充分发挥各板块间资源整合的优势。

三、政府大数据的应用和开放为企业创新发展提供机遇

大数据时代，大数据处理能力的强弱已成为国家竞争力的重要衡量指标。数据正成为各行各业最重要的创新资源，数据治国、数据强国已不是一句空话。

要加快推进工业互联网基础设施建设，发展一批高质量的工业云服务和工业大数据平台；要推进云计算、物联网、智能工业机器人、增材制造、人机智能交互等技术和装备应用，加快建设一批智能工厂；要大力发展大规模个性化定制、众包研发设计、服务性制造、网络协同制造等新型制造模式，培育智能监测、远程诊断管理、全产业链追溯等制造服务化，提高产业链资源整合能力和协同发展水平；要加大关键共性技术研发攻关，加快建立智能制造标准体系，加强复合型人才队伍建设，强化网络信息安全保障，为"互联网制造"提供强有力的支撑。

1. 大数据在政府宏观决策和社会治理等方面的应用，为企业提供了大数据业务拓展的全新领域

大数据为政府治理带来全新价值，无论是对宏观经济的决策能力、产业聚集能力、协同治理能力、社会管理能力、公众服务能力还是快速响应能力，都可以借用大数据技术实现有效提升。国务院《关于促进大数据发展的行动纲要》提出，大数据成为重塑国家竞争优势的新机遇和提升政府治理能力的新途径，提出运用大数据实现宏观调控科学化、政府治理精准化、商事服务便捷化、安全保障高效化和民生服务普惠化。目前，住建部和科技部公布的国家智慧城市试点名单已达到290个，众多城市将大数据应用与城市的智慧化发展紧密结合，为百姓提供更加便民、利民、惠民的城市新生活环境。部分城市开始运用大数据分析结果进行社会治理的尝试，内容涉及城市交通、治安、环境、医疗、教育、应急救援等众多方面。智慧旅游城市和智慧旅游公共平台建设快速推进，国家旅游局采用PPP模式推动建设"国家智慧旅游公共服务平台"，建立国家旅游数据中心，全面整合行业数据，为旅游科学决策服务。全国各地就旅游数据产业发展进行了积极的探索，宁夏回族自治区重点建

设旅游云数据中心，完善智慧管理、智慧服务和智慧营销体系。福建省启动智慧旅游云集群项目，规划建设旅游产业大数据等5个平台。贵州省建设首个国家级大数据综合实验区。海南、四川、湖北、广东、江苏、安徽等省正在积极筹建旅游数据中心。政府对大数据应用的重视，为企业大数据业务开发提供了全新的空间。以政府的大数据应用为切入口，企业通过与地方政府合作，为地方的智慧城市建设和政府决策提供了支持。2015年，阿里巴巴打造阿里经济云图，将电商经济数据全面向地方政府开放，为政府宏观决策与公共事务决策提供支撑。同时，阿里巴巴已与17个省市签约阿里云服务，与29个省（市）合作开展支付宝钱包业务。腾讯与91个城市合作，上线微信"城市服务"窗口，内容涵盖医疗、交通、公安户政、出入境、缴费、教育、公积金等多项服务。智慧旅游、智慧景区、智慧酒店、智慧交通、智慧餐饮等旅游相关大数据挖掘有着庞大的市场基础，蕴藏着巨大的商机，有待旅游企业的深度开发。

2. 政府大数据开放为企业以数据为基础的业务创新提供新机遇

政府数据开放已成为众多国家的共识。2009年，奥巴马就任美国总统后，开始推动美国大数据开放，9月，美国data.gov上线。2011年12月，美国宣布将data.gov改造成开源平台，源代码发布之后，全世界任何国家都可以免费引进、使用及修改美国的数据开放平台。同年，美国、英国等8个国家宣布成立"开放政府联盟"，承诺向本国社会开放更多免费信息。截至目前，全世界已有52个国家和地区建立了公共数据开放网站，共有315个国家和城市建立了公共数据开放网站。我国已加入开放政府联盟，并将开放大数据写入了《国民经济和社会发展第十三个五年规划》中，提出要加快建设国家政府数据统一开放平台，推动政府信息系统和公共数据互联开放共享，推进数据资源向社会开放等。政府数据和信息与公众生活生产息息相关，数据的开放将为企业依托开放数据的业态、产品创新提供前所未有的机遇，将会大大推动大数据领域的创业创新。美国的房地产信息查询网站Zillow，依托美国政府的开放数据和市场化数据，向网民提供免费的房地产估价服务，用户规模已达到6500万人。政府数据的开放，将对经济社会发展产生直接的推动作用。据统计，2013年，通过政府数据开放，美国在公共管理、医疗服务、零售业、制造业、位置服务、社交网络、电子商务七个重点领域所产生的直接和间接价值已达2万亿美元。未来，随着我国政府数据的开放，围绕旅游方面的创新和新的商业价值的挖掘也将为企业带来巨大的商业利益,大数据的挖掘和应用将成为未来企业竞争的焦点之一。

四、跨国经营的常态化要求企业善用大数据参与国际竞争

随着居民出境旅游消费的持续高涨和国家"走出去"战略的引导,近年来,中国企业积极参与全球市场竞争,"走出去"步伐不断加快,跨国经营日渐成为中国优秀旅游企业发展的新方向。2010年以后,酒店、航空市场的境外投资、并购、合作不断增加,中国旅游企业的身影在国际市场上频繁出现。酒店集团是国内企业进军国际市场的重点领域。例如,锦江集团联合收购美国洲际集团50%股份、单独收购法国卢浮酒店集团,并以成为全球酒店业第一作为未来发展的宏伟战略目标;开元旅业收购德国郁金香饭店、君澜酒店集团收购澳大利亚珀斯水边套房酒店等。国内的酒店集团开启海外扩张模式。跨行业主体加快海外酒店投资收购,其中包括复星集团收购法国地中海俱乐部、深圳新世界集团收购洛杉矶万豪酒店和洛杉矶喜来登环球酒店、绿地集团收购并打造悉尼高星级精品酒店、安邦保险集团收购美国纽约华尔道夫酒店、富华集团收购墨尔本柏悦酒店、阳光保险收购悉尼喜来登公园酒店、万达集团在伦敦投资建设万达酒店等,地产、保险等企业和旅游企业一起加入到海外旅游酒店的收购发展中。航空领域也是国内企业跨国发展的重要领域,其中,海航集团是航空领域并购的典型代表,收购Swissport公司、爱尔兰飞机租赁公司Avolon,战略投资巴西蓝色航空,持股维珍澳航,入股TAP葡萄牙航空公司等航空公司,收购航空配餐公司Gategroup和法航旗下的餐饮公司servair,收购美国卡尔森酒店集团和英迈国际,收购曼哈顿、伦敦、旧金山等地的地产,围绕航空、航空服务和酒店业,加速在海外市场布局。

当越来越多的国内企业通过并购、重组等方式走向国际化,竞争对手也开始从国内竞争对手转变为国际竞争对手。面对相对陌生的市场、环境和全新的竞争对手,运用大数据技术积极跻身全球旅游企业竞争行列已成为我国旅游集团国际化发展的重要途径。从竞争对手角度看,国外旅游企业在发展中非常重视大数据的应用和开发。短租平台Airbnb短短8年已成长为全球第三大创业公司,大数据在Airbnb发展中起到了重要的推动作用。Airbnb目前有近1500TB

的数据，这些数据成为公司运营、管理、开拓新业务的重要资源。公司开发了"Aerosolve"机器学习平台，利用数据平台，为房东构建了动态定价策略，开发了用户友好型数据分析平台——"Airpal"平台，允许公司的任何员工获得和分析公司的数据信息，并且使用Airpal提供的工具对其进行质询。2014年上线运行的Airpal系统至今已被超过三分之一的员工用来进行查询和质疑。这个让人印象深刻的数字表明数据已经成为Airbnb内部决定流程中非常重要的一环。全球最大的在线旅游公司Expedia，同样非常重视大数据的分析和应用。他们通过各种途径收集市场信息，通过为员工提供数据信息，帮助员工更加高效地完成工作；通过分析市场需求信息，为游客出行前、中、后多个阶段提供产品、服务，帮助游客做出旅行决策，提高游客的旅行体验；同时，通过保持和存储一定监管范围的数据，为酒店合作伙伴提供丰富的信息，从而提高其市场影响力。从在线旅行社到酒店，从航空公司到元搜索玩家，整个旅游行业企业都在关注从大数据和分析中得出的战略方策。因此，我国旅游企业要想在国际竞争中占据优势，必须重视大数据的发展和应用，增强与国际企业竞争的能力。

第三章 大数据时代的应用基础

未来5年，中国大数据产业规模年均增长率将超过50%，到2020年中国的数据总量将占全球数据总量的20%，成为世界第一数据资源大国和全球数据中心。大数据将带来产业新革命。从旅游大数据的应用和发展现状看，旅游集团已经具备了一定的大数据应用的商业基础。无论是政府部门的投资建设，还是旅游集团自有的数据积累及人员、机构设置，都为旅游集团未来大数据业务的开展提供了相对良好的应用基础。

一、政府持续投资为大数据应用开发奠定发展基础

随着《关于促进信息消费扩大内需的若干意见》《关于运用大数据加强对市场主体服务和监管的若干意见》《关于促进大数据发展的行动纲要》《关于促进和规范健康医疗大数据应用发展的指导意见》等一系列意见的出台，国家对大数据产业发展的推动工作不断加快。目前，大数据应用开发已具备了一定的发展基础。

1. 国家科技研发投资持续增长，为大数据产业发展奠定基础

我国对科技研发一直非常重视，投入经费保持持续增长。从2005年的2450亿元到2015年的14 169.9亿元，11年增长了5.78倍（见图3-1）。从研究与实验发展（R&D）经费的增长幅度看，2005年到2013年，一直保持两位数增长，2014年以后，增速有所放缓，降为个位数增长，或与我国研究与实验发展（R&D）投入经费总额基数很高有关，目前我国研究与实验发展（R&D）经费总量仅次于美国，排名居世界第2位。从R&D经费投入强度[①]看（见图3-2），我国

---

① R&D经费投入强度是指R&D经费投入与国内生产总值之比。

R&D 经费投入强度持续呈现逐年上升的趋势。2013 年以来，我国 R&D 经费投入强度均超过 2%，2015 年达到 2.07%，比 2005 年上升了 0.73 个百分点，高于欧盟 28 国平均 1.94% 的投入强度，达到中等发达国家 R&D 经费投入强度水平。

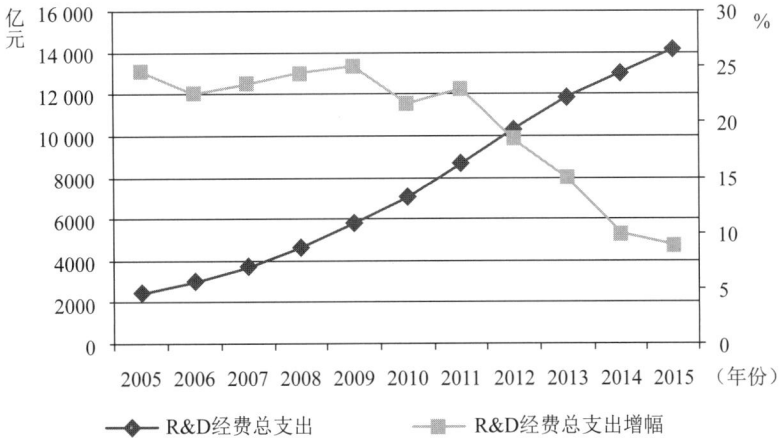

图 3-1　2005—2015 年全国 R&D 经费总支出及增幅

数据来源：2005—2015 年全国科技经费投入统计公报。

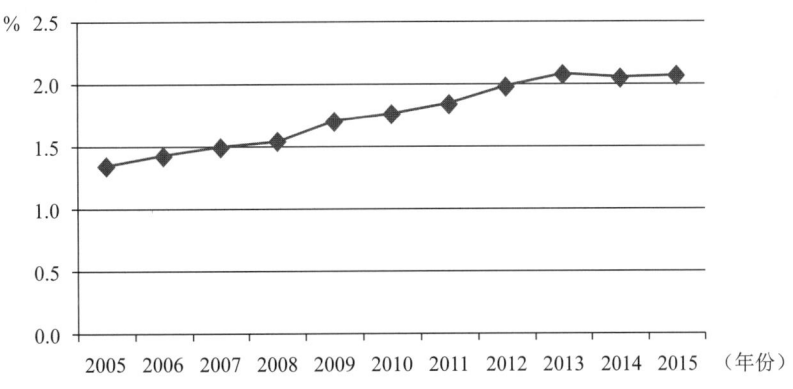

图 3-2　2005—2015 年全国 R&D 经费投入强度

数据来源：2005—2015 年全国科技经费投入统计公报。

国家财政科技支出额逐年攀升，2015 年共支出 7005.8 亿元，是 2005 年的 5.24 倍（见图 3-3），国家财政科技支出占国家财政支出的比重略有波动，从较低年份的 3.9% 到较高年份的 4.6% 不等。其中中央财政科技支出增势放缓，占财政科技支出的比重整体呈下降趋势（见图3-4），由2005年的60.5%下降到2015年的43%；地方财政科技支出不断攀升，占财政科技支出的比重由2005年的39.5%上升到2015年的57%。地方政府对科技创新推动经济发展的认知不断增强，已超越中央财政投资，成为财政科学技术支出的核心力量。

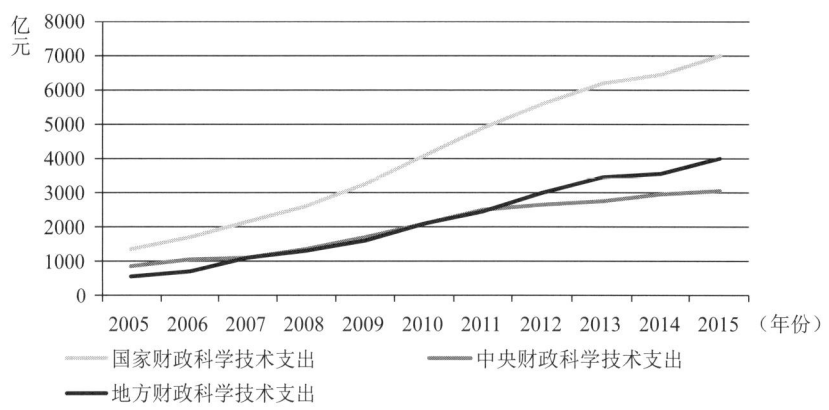

图3-3 2005—2015年国家财政科学技术支出

数据来源：2005—2015年全国科技经费投入统计公报。

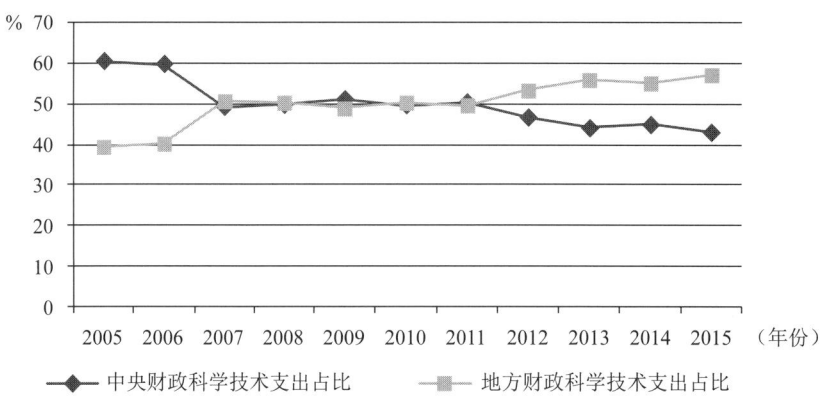

图3-4 2005—2015年中央和地方财政科学技术支出占总支出的比重

数据来源：2005—2015年全国科技经费投入统计公报。

从研发投入的类别看（见图3-5），实验发展经费支出所占比重一直最高，表明具有应用价值和经济价值的实验转化类研发投入最受重视。2015年实验发展经费支出为11 925.1亿元，占研发经费总支出的84.1%。其次是应用研究经费支出，为1528.7亿元，占研发经费的10.8%。基础研究经费支出最低，为

716.1亿元，占总支出的5.1%。

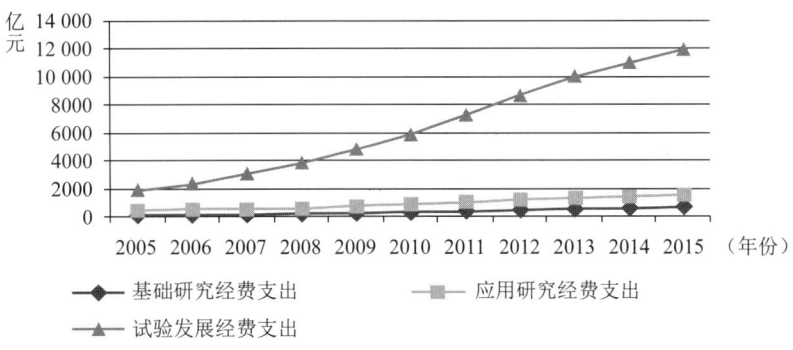

图3-5　2005—2015年全国R&D经费不同类别投入情况

数据来源：2005—2015年全国科技经费投入统计公报。

随着政府、企业等研究与实验发展（R&D）经费投入的增长，研究与实验发展（R&D）人员人均经费支出也持续增长（见图3-6）。2005年，研究与实验发展（R&D）人员人均经费支出为18万元，2015年，研究与实验发展（R&D）人员人均经费支出为37.7万元，翻了一番，科研人员可用于研究、新产品开发的费用更加充裕。从研究与实验发展（R&D）人员人均经费的增长比例情况看，整体呈现波动下降趋势，2015年又出现上涨。随着国家对大数据产业和科技创新的重视，科技人员人均研发费用预计会有更大增长。

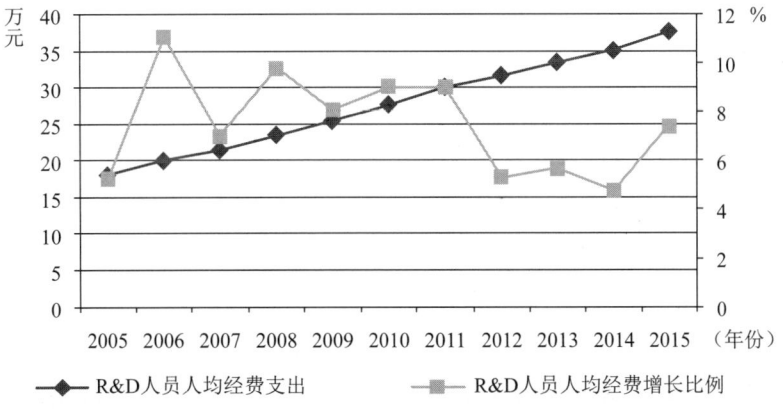

图3-6　2005—2015年全国R&D人员人均经费支出及经费增长

数据来源：2005—2015年全国科技经费投入统计公报。

2. 政策投资多措并举，推动地方大数据产业发展

大数据对各行各业的改变，以及其中蕴含的巨大商业价值，引起了各地政府对大数据产业发展的重视，并以大数据产业发展作为本地经济实现跨越式发展和创新发展的新契机。

出台促进大数据产业发展的政策措施，引领本地大数据产业发展。2013年以来，我国很多省市相继出台了促进大数据产业发展的行动计划、意见、方案等，积极推进本地大数据产业发展。目前，贵州、广东、重庆、上海、江苏、福建、北京、山东、内蒙古、海南、湖北、浙江等十余个省市已经出台了相关意见和推进计划，基于公共服务功能和经济发展功能定位的差异，形成了三种不同的模式。第一种是突出大数据在公共领域的应用，改进政府治理方式。如上海市出台《推进大数据研究与发展三年行动计划》，提出选取医疗卫生、食品安全、终身教育、智慧交通、公共安全、科技服务等6个有基础的领域，建设大数据公共服务平台。福建、浙江等都属于此类。第二种是突出大数据的经济属性，强调建立大数据产业基地。如重庆、贵州、陕西、内蒙古等地都提出建设大数据产业基地，并将大数据作为本地支柱产业加以培育。第三种是大数据的经济作用和公共服务功能并重。如《广东省促进大数据发展行动计划（2016—2020年）》提出要提升政府经济管理和社会治理能力，促进大数据产业创新发展，推动经济发展动力转换、结构优化和转型升级。江苏、北京、山东、海南、湖北等大部分省市属于此类。2016年1月，贵州省通过了《贵州省大数据发展应用促进条例》，一方面界定政府部门在基础设施建设、设立专项基金、融资、用地、税收等方面的职责，另一方面从产业发展角度对数据共享、数据采集、"云上贵州"、数据权属、数据交易、数据安全以及相关违法行为进行界定，以立法引领和推动大数据产业发展。

完善组织机构建设，以制度保证大数据产业发展。为推动大数据产业发展，目前国内已有部分城市政府设立了大数据管理局，从组织机构设置上完善大数据的推动和管理机制，统筹公共数据开放。2014年2月，广东省设立大数据管理局，隶属于工信委。12月，广州市在工信委下设广州市大数据管理局（正处级），以统筹推进政府部门的信息采集、整理、共享和应用，消除信息孤岛，建立公共数据开放机制，主要负责研究拟定并组织实施大数据战略、规划和政策措施，引导和推动大数据研究和应用工作，组织制定大数据收集、管理、开放、应用等标准规范等9项职责，使广州成为全国首个设立大数据管理局的城市。

此后，沈阳成立了大数据管理局（正局级），下设大数据产业处、标准与应用处和数据资源处，加快推动沈阳大数据产业的发展。此外，成都、银川、黄石等城市也设立大数据管理局或大数据管理服务局。2016年10月，贵州省成立大数据局，直属贵州省政府，通过调动各方参与大数据产业发展，并为大数据产业发展提供财政、资金资源。各地大数据管理局的主要职能重在通过机构设置，将散落在各部门的政府数据汇集起来，盘活政府数据，形成全省或全市数据中心，消除数据孤岛，推动各地智慧政务和大数据产业发展。

加快大数据投资和共享，构建地方大数据产业发展基础。地方政府紧抓大数据产业发展的新机遇，一方面加大对大数据产业的投资力度，完善大数据产业发展的基础设施建设，打造大数据存储平台，建设服务器、交易、结算平台等；另一方面逐步开放政府公共数据，引导企业基于数据的产业创新，推动本地产业结构的优化和新业态的发展。贵州省积极打造全国首个大数据综合实验区建设，2013年吸引了中国移动、联通、电信三大运营商落户贵州，完成了150亿元的大数据建设投资，投入服务器总数达到200万台。2015年，贵州通过招商引资，吸引了500亿元的大数据投资额。政府重视推动贵州大数据产业的快速发展，2014年，贵州以大数据为引领的电子信息产业实现规模总量1460亿元，同比增长62.2%。2015年1月至11月，贵州省大数据有关工商注册企业数量增长了34.5%。目前贵州已建成首个统筹省级政府数据"聚、通、用"的"云上贵州"系统平台，率先创建首个国家级贵阳·贵安大数据产业发展集聚区、国家级贵阳大数据产业技术创新试验区和贵阳大数据交易所以及众筹金融交易所，在大数据产业发展方面一路领先。陕西省大数据产业建设投资累计已达500亿元，建设了西咸大数据产业基地，并吸引了三大运营商、微软等100多个项目落户，预计到"十三五"末相关产业总产值将达到1000亿元。大数据产业发展为西部地区提供了经济发展的新机遇，甘肃、宁夏等西部省份也在积极布局政府大数据开发和利用。如宁夏成立中卫云计算数据中心，甘肃省国资委批准设立甘肃省大数据有限公司等。

各地政府在推动大数据产业发展过程中，也在逐步向社会开放政府数据。目前，政府管理的数据主要包括政务数据和政府数据，囊括了统计性数据以及政府在行政审批、非行政审批、服务事项等方面的数据。浙江通过建设政务数据开发共享平台、经济运行监测预测平台、公共信用信息服务平台、投资项目信息管理平台和气候变化研究交流平台等大数据应用"五大平台"，建成包括基础库、专题库和公共库在内的政务数据库，数据指标62万项，数据记录总量14.74亿条，实现对各类政务数据的共享整合和开发应用。上海市政府会同上海市公安局、上海市环境保护局、上海气象局、上海市城乡建设和交通发展研究院、上海地铁、上海公共交通卡公司、强生出租、浦东公交等开放10个专用数据集，面向全球征集交通大数据应用解决方案。四川以省级政务云建设为抓手，要求省级政府业务应用系统三年内全部迁移上云，大力推进信息资源共享建设。武汉市通过建设"云端武汉·政务"政务数据共享平台，对41个委办局的数据及近800项共享交换服务事项进行清理、确认和登记，推动全口径数据录入和应用服务集成上政务云交换共享，为各部门提供资源目录、共享交换、数据辅助和监管服务，实现部门间数据按需共享和有序交换。

二、企业管理运营为大数据应用开发提供数据基础

企业数据是大数据的重要来源之一。IBM的调查显示：企业对大数据的重视程度不断提高，对于企业内部已实施大数据实验项目的企业，通过大数据分析获得企业发展优势的组织比例要比仅依赖传统分析方法的组织高15%。大数据在旅游行业也获得了一定程度的应用。当前，我国旅游企业无论是在研发投入、机构设置、人员配备，还是在数据存储和积累方面，都具有了开展大数据研究和应用的初步基础，这为我国旅游大数据的开发、应用和发展提供了良好的产业基础。

（一）企业研发类投资持续增长，为大数据应用研究提供资金基础

1. 企业作为科技研发主体的地位更加突出

2015年，我国研究与实验发展（R&D）经费中，企业投入的资金为10 881.3亿元，比2005年的1673.8亿元增长6.5倍，比重也由2005年的68.3%增长到76.8%（见图3-7、图3-8）。从企业、政府部门所属研究机构、高等学校研究与实验发展（R&D）投入情况看，投入额度逐年增加，企业投入增长最快，所占比重不断攀升，政府部门所属研究机构和高等学校在研究与实验发展（R&D）投入中的比重整体下降，到2015年，政府部门所属研究机构研究与实验发展（R&D）投入占全部研发投入的比重已由2005年的20.9%下降到15.1%，高等学校研究与实验发展（R&D）投入占全部研发投入的比重由2005年的9.9%下降到2015年的7%。企业研究与实验发展（R&D）经费投入

力度不断增强，表明企业作为技术创新主体的作用更加突出。

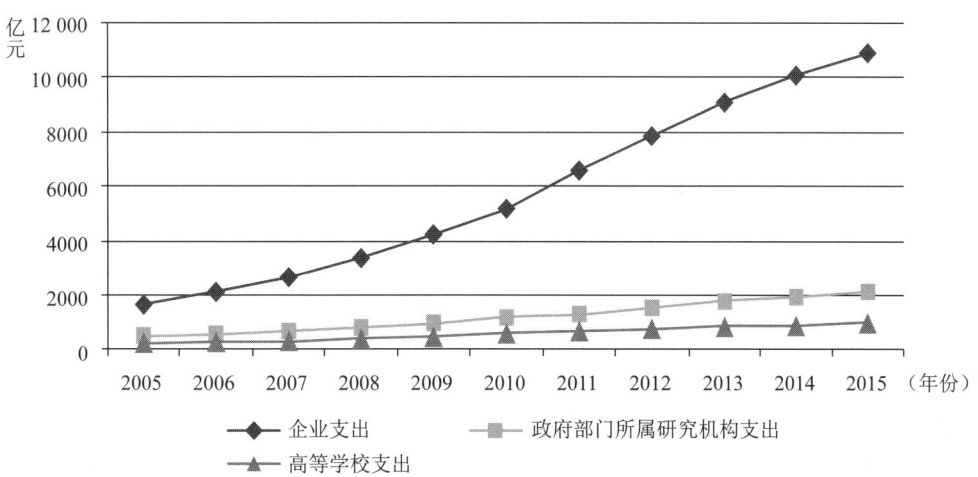

图 3-7　2005—2015 年全国不同活动主体 R&D 经费支出

数据来源：2005—2015年全国科技经费投入统计公报。

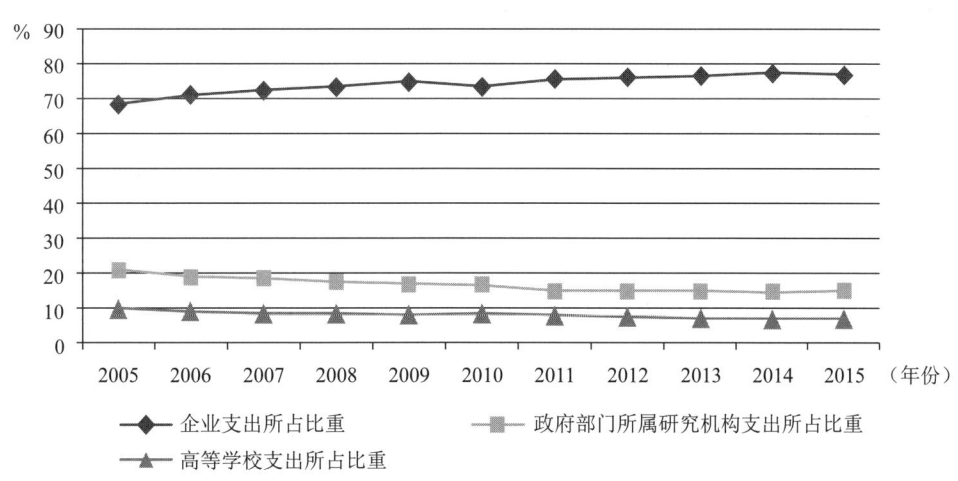

图 3-8　2005—2015 年全国不同活动主体 R&D 经费支出比重

数据来源：2005—2015年全国科技经费投入统计公报。

2. 新兴旅游类企业科技研发支出持续增长

近年来，旅游企业对科技研发日益重视。其中，传统旅游企业对科技研发有所重视，如华侨城，2014年和2015年分别投入4580万元和1917万元用于创新性的产品研发和科技应用等。中青旅2014年的研发费用也达到1122万元，用于科技和新产品研发。相较于新兴旅游企业，传统旅游企业对科技研发的重视相对不足。新兴旅游企业中，携程和去哪儿在科技研发方面一直保持了高额投入。2010年携程用于科技研发的费用达到4.5亿元，到2015年，研发费用已接近33亿元，6年增长7.26倍；研发费用占当年营业收入的比例也由2010年的16%提高到2015年的30%（见图3-9、图3-10）。去哪儿在研发费用方面的投入总额虽低于携程，但一直保持高速增长，从2010年的2898万元增长到2015年的25.7亿元（见图3-9），6年增长了88.68倍，除2013年，研发费用投入年均保持3位数增长，最高增长率达到233%（2015年）。去哪儿研发费用占营业收入的比重保持高速增长，从2010年的24%到2015年的61.6%（见图3-10）。2015年，携程、去哪儿研发费用占当年营业收入的比例远高于国际上的技术类公司，如谷歌（16.1%）和亚马逊（24.4%）。研发费用的超高比例，或与携程和去哪儿网对研发费用统计方式有关，除技术研发，如用于移动端、SaaS系统等IT技术研发费用外，还包含了部分与供应商的人员沟通成本。高额的研发费用在保证新兴旅游企业持续发现新的业务增长点和新项目的同时，也提升了企业的研发能力，为其在大数据研发领域的开发奠定坚实的基础。

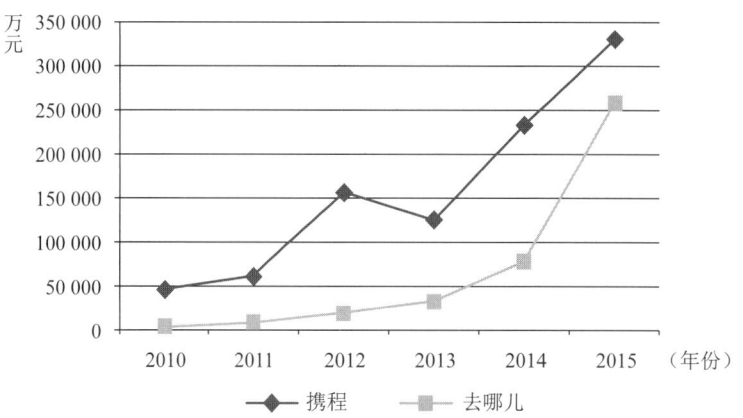

图3-9　2010—2015年携程、去哪儿研发费用

数据来源：2010—2015年携程、去哪儿上市公司年报。

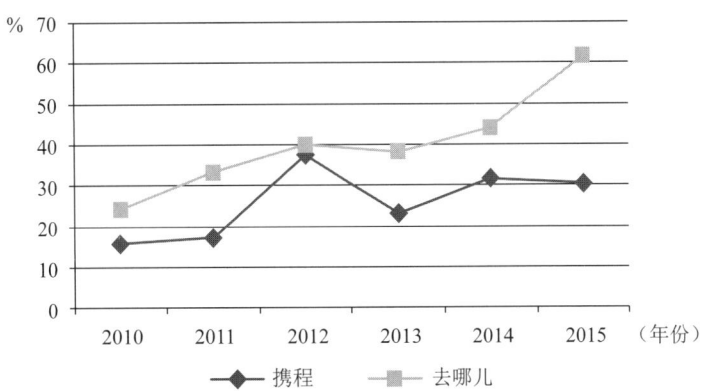

图 3-10 2010—2015 年携程、去哪儿研发费用占营业收入比例

数据来源：2010—2015年携程、去哪儿上市公司年报。

（二）企业运营管理数据持续积累，为大数据应用研究提供数据基础

在长期的发展过程中，我国的旅游企业已经积累了与需求、供给、商业有关的大量数据，大多处于闲置状态，需要开采以实现其价值。传统旅游企业在运营、发展中积累的相关业务运营数据、消费者数据以及投资开发等相关数据，是企业的潜在资源和财富，有待于大数据技术的开发、挖掘，同时打通内部各部门之间的数据共享，有助于提高企业部门间的协同效应，开拓新业务、新产品和新业态。新成立的中国旅游集团，旗下涵盖了旅行社、酒店、免税、地产、景区、邮轮、金融、商务科技等众多板块，在业务运营中形成的关于上述行业的海量数据以及旅游消费者的海量信息，有待于借助大数据技术进行研究、开发、挖掘。首旅、锦江、开元等传统旅游集团在多元化或专业领域中均形成了大量的数据，挖掘、开发已有数据，整合企业各部门、各板块间的数据，实现集团数据的共享，并利用数据进行原有业务的提升、业务组合以及新业务、新产品的开发，将是未来各旅游集团关注的重点之一。

相较于传统企业数据的闲置和未开发，在线类旅游企业本身就是从数据中成长起来的，它们的数据存量更加丰富，数据的利用率也更高。携程现有2.5亿名会员，APP累计下载量超过了23亿。基于酒店、机票、门票预订和旅游休闲度假需求预订，携程每天有近亿次的访问请求，每天产生TB级的增量数据，近百亿条的用户数据，上百万的产品数据，构成了携程庞大的数据基础。2014年下半年起，携程就开启了旅游大数据实际应用方面的研究，除将大数据应用

到业务线和服务中之外，还多次发布行业研究报告，在旅游大数据领域拥有丰富的经验。腾讯应用宝联合企鹅智酷共同发布的《中国Android生态大数据报告》（2016年7月）显示，当前旅游市场的APP中，携程和去哪儿的下载量最高，途牛、同程、蚂蜂窝也占据了较高的市场份额（见图3-11）。阿里旅行是依托阿里巴巴大平台建立的在线旅游平台，阿里3.5亿活跃用户、芝麻信用、支付宝、花呗、阿里云以及高德地图等为阿里旅行的大数据业务开发提供良好的基础。2015年阿里旅行已为1亿人次提供旅行服务。新成立的品牌——飞猪，用户数已超过2亿，独立APP下载量已超1亿次，日均访问用户数达1000万。飞猪在2016年11月11日，单日成交额达到21.7亿元。携程、去哪儿、阿里、同程、途牛等在线类企业依托线上线下业务，已积累了海量旅游数据，同时也是未来旅游大数据的重要开发者。

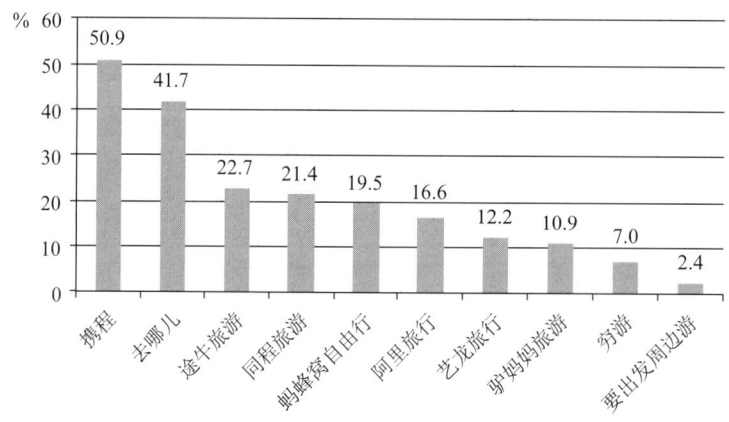

图3-11　用户常用的TOP10旅游APP

数据来源：中国Android生态大数据报告（2016年7月）。

（三）企业人员机构设置为大数据应用开发提供组织基础

国内很多旅游企业已认识到大数据发展的重要性，并通过机构设置，增加研究机构、研发机构、企业数据等方面的相应部门，以提高本企业在研发和数据开发方面的竞争力。传统旅游集团中，港中旅集团设立了旅游产业研究院，重点研究集团经营发展、投资开发和项目建设中的旅游业态、发展趋势、商业模式和产品创新，为集团发展提供思路和方案。岭南酒店建立了产品研发创新中心，加强对新酒店管理品牌的研发，加强自身高端品牌建设。首旅集团在业务职能部室下设网络与数据中心，加快对互联网和移动互联网，以及企业内部数据的技术体系构建和数据挖掘。新兴旅游企业更加重视对大数据的存储、开发等功能，在组织内部设置相应部门，以加强大数据开发。如携程成立了智慧旅游公司，并推出了智慧目的地与景区解决方案、目的地白皮书、携程大数据及携程目的地旗舰店等四大核心产品。同时，携程还设置了专门的技术开发部，整合集团相关企业数据资源，加快集团数据业务的发展。去哪儿网在北京和上海分别设立研发中心，加大对新技术和旅游服务平台的研发。

投资、收购或组建科技类公司，以此增强旅游企业在科技研发和大数据开发应用方面的能力，是近几年旅游企业常用的方式之一。2015年，携程将旗下子公司中软好泰与慧评网重组成立众荟信息技术有限公司，建设全国酒店业全数据平台，融合酒店行业大数据以及云计算技术，积极拓展大数据研发业务。2016年，凯撒旅游2.5亿元增资深圳活力天汇科技有限公司，进一步加强线上业务布局，增强凯撒在计算机、通信等方面的技术开发和相关服务。新美大投资必去科技，涉足机票直销平台；百程旅游投资北京景行技术有限公司，加强在出境游人工智能技术应用和大数据处理技术上的布局；宋城演艺战略投资浙江深大智能科技有限公司，增强在线上智慧旅游系统上的布局；铂涛集团投资铭岩科技，进一步强化其在酒店信息化和数据开发方面的能力。

科技研发人员配备是企业大数据开发与应用的基础。很多旅游企业在设置相关研究、研发机构的基础上，通过研发人员的配备，不断提高本企业在新技术、新产品、新业态开发以及大数据采集、分析、应用等方面的能力。传统旅游企业对旅游研发逐渐重视，加大了对科技研发人员的配备。中青旅一直重视研发人员配备，研发人员由2010年的119人增长到2015年的487人（见图3-12），研发人员数量占比也由2010年的2%增长到2015年的5.7%，体现出对研发的日益重视。2014年和2015年，华侨城研发人员分别是286人和273人（见图3-12），研发人员数量占比介于1.1%~1.2%，低于中青旅。新兴旅游企业中，研发人员更受重视，多数在线旅游类企业研发人员比重在30%~50%。2010年，去哪儿研发人员126人，到2014年，去哪儿研发人员已超过1200人。研发人员的配备和不断增加，为旅游企业开展大数据研发提供了人员基础。

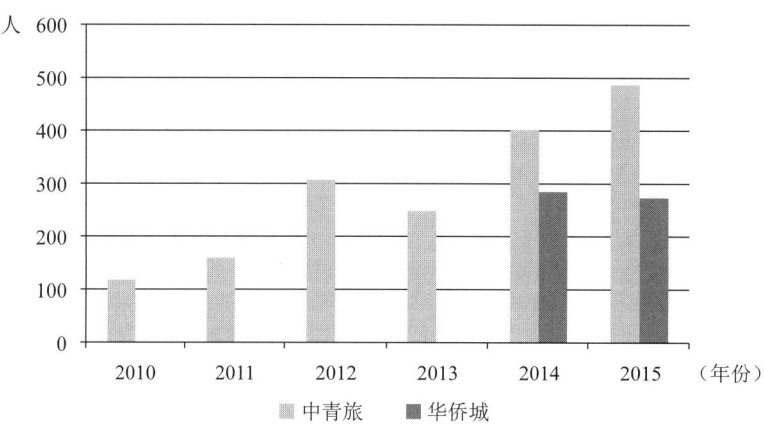

图 3-12　2010—2015 中青旅、华侨城研发人员数量

数据来源：2010—2015年中青旅控股股份有限公司年报；2015年深圳华侨城股份有限公司年报。

第四章　大数据时代的企业变革

一个大规模生产、分享和应用数据的时代正在开启。大数据正成为继土地、劳动力、资本之后的新要素，成为企业未来发展的核心竞争力。在资本、技术和知识在产业演化进程中发挥越来越重要作用的今天，旅游资源开发和旅游服务的生产过程变得更加迂回，市场主体与目的地整体的商业环境，以及其他领域和部门的前后向关联更加复杂。从经济学角度看，通过迂回生产可以提高经济效率，对于当今旅游业而言，传统的生产方式则会在一定程度上阻碍现代服务业的发展。想要做出正确决策，就必须要求包括数据在内的信息完备性相应地提高。当前，无论是携程、同程、途牛、景域等在线旅行商，中青旅、广之旅、春秋、凯撒等传统旅行社，还是新中旅、海航、锦江、岭南等大型旅游集团，中国电信、百度、腾讯、阿里巴巴、科大讯飞等通信和互联网企业，都在加强基于大数据的旅游产品和服务创新力度。大数据正推动旅游企业的全面变革。

一、大数据助推旅游新产品出现

企业依托旅游大数据，进行新产品、新服务的开拓，从而构建企业新的收入增长点。

（一）创新性旅游产品

1. 基于数据和信用的旅游新产品

基于海量数据的综合处理、分析和评估，形成对企业或用户的信用评价，将评价结果与传统旅游产业相结合，形成全新的旅游业态。信用住和信用游是在综合性数据评估的基础上，形成对消费者的信用评价，并与酒店、景区业务相衔接，实现消费者在酒店、景区消费的一键支付产品。

FICO 公司是美国从事信用评估的公司，FICO 通过 5 个方面的加权平均来衡量客户的信用评级，分别为30%的待还款额、35%的还款历史、10%的信贷组合情况、15%的信用资料存续时间以及10%的新申请授信内容。FICO评分体系被广泛应用于众多商业企业和银行机构。国内的芝麻信用是与FICO相类似的信用评估机构，隶属于阿里巴巴集团。阿里巴巴旗下的阿里旅行（现变更为飞猪和阿里商旅）推出的未来酒店和未来景区，就是依托集团旗下芝麻信用对用户信用历史、行为偏好、履约能力、身份特质和人脉关系五个维度的评价，形成芝麻分值，依据用户芝麻分值高低为用户提供更加便捷的酒店、景区消费服务。

未来酒店是实现线上信用评估和线下实体酒店便捷入住的新型酒店形式。飞猪所推出的未来酒店，是基于阿里平台的海量数据，评定用户的芝麻信用分，勾勒用户画像，实现用户从酒店选择决策到便捷入住、快速离店的完整过程。截至2016年5月，阿里系未来酒店"信用住"已覆盖近5万家酒店，签约"信用住"的用户达2000多万，加盟未来酒店"信用住"的酒店实现100%线上结算，订单确认率达96%，70%以上酒店实现直连。未来酒店依据用户的芝麻信用评分对用户进行信用授权，芝麻信用分达到600分以上的用户，可以通过飞猪官网在线选"信用住"酒店，并在入住酒店时享受免押金、免查房、免排队等便捷服务，大大节省了用户酒店入住的烦琐手续。未来用户还可以享受在线VR选房，提前预约水单发票、人脸识别Check-in等线上服务。通过对用户的数据化管理，一方面累积用户信用，另一方面可以节约酒店人力，同时，酒店的营销信息也可以更具针对性。

携程推出的"入住通"，是类未来酒店模式，通过连接渠道用户和酒店PMS两端，打破传统PMS壁垒，打通了酒店内外部数据。通过入住通，酒店将实现在线分销渠道的无缝对接，取代人工确认环节，提升酒店效率。同时通过入住通"携程闪住""智能门锁""在线选房""服务预设"等功能模块，酒店接触客人的时间和空间得到扩展，酒店可以为客户提供个性化的营销和服务。入住通已经与25家主流PMS厂商达成战略合作，已与2万多家酒店完成直连，未来，70%的线上酒店订单都将通过入住通处理。

未来景区是实现线上信用评估和线下景区便捷游览的新型景区形式。飞猪所推出的未来景区，和未来酒店一样，同样基于阿里平台的海量数据，评定用户的芝麻信用分，勾勒用户画像，实现用户从线上购票到扫码入景区和景区游览便捷支付等完整服务内容。截至2016年6月，飞猪提供全球近8000家景区，约10万个门票票种。飞猪已与200多家景区合作，提供未来景区服务。未来景区产品，主要解决了买票排队时间长，景区游览服务传统等问题。通过信用评估，游客先游玩后付款，扫码支付等，避免了排队买票的不便。同时，还将提供景区内地图导览，实时查看景区内人群分布，避开排队人多项目等服务内容，帮游客节约无效时间，提升游客的景区游览体验。提供"随意付"功能，布局景区店铺的扫码支付，吃喝玩乐一码支付，无须现金。百度的百度直达号是类未来景区模式，用户可以手机百度@直达号进行网上购票、查询攻略，获得相应二维码后，扫描手机中电子二维码进入景区，享受免费导游等LBS信息服务。

2. 定制旅游

基于企业拥有的海量数据，通过数据清洗、分析，刻画旅游消费者消费形象，并针对消费者的消费需求提供个性化、定制化、针对性的旅游产品和服务。如途牛网推出的定制旅游频道，途牛借助大数据的支撑，建立标签化的客户数据库。一方面根据大数据实时更新的旅游路线订单数量、最新订单、热点订单、老客户评价等，向客户推荐成熟的定制游线路，另一方面在游客提出目的地、预算以及其他个性化需求后依托自身海量的旅游产品库，通过大数据运算，为用户提供个性化的产品组合。而标签化客户数据库的建立，也有助于途牛为客户提供精准的定制服务。2015年1—11月，途牛定制游销售额超过10亿元，同比增长110%，出游人次超过56万。

（二）衍生性旅游新产品

衍生性旅游新产品是指在原有旅游产品基础上，依托旅游大数据分析研究，形成的与原有旅游产品相关的旅游新产品。如去哪儿、携程推出的机票+用车服务。作为垂直搜索引擎，去哪儿网的市场调研发现1/3的用户买了机票要打车去机场，剩下的2/3由他人送机或乘坐公共交通工具。基于海量机票预订客户，去哪儿网推出了订机票+接送机服务，并通过代金券形式对订机票并购买接送机服务的消费者予以优惠，与外部平台，如易到、优步等租车公司合作，开拓了购买机票消费者的额外约车服务。

二、大数据推动旅游新业态形成

随着大数据应用的持续推广，以数据为核心的大数据产业正在加速形成。大数据与旅游产业和旅游需求相结合，推动了基于大数据的旅游新业态的出现，对提升旅游产业品质和智慧化水平，增强旅游企业竞争力起到了重要的推动作用。

（一）旅游数据服务类企业

随着数据采集越来越方便，基于自有数据和第三方数据的一些大数据服务类企业开始出现，它们通过整合多方数据，对数据进行系统分析和结构化处理，进行需求和趋势预测，为相关产业、企业、消费者提供所需资讯，构建全新的商业模式。美国的交通数据处理公司 Inrix，通过建立免费的智能手机应用程序，为用户提供免费的交通信息，借此获得来自用户智能终端的即时交通信息，企业通过对交通数据以及天气、实事等信息的综合分析，进行交通预测，并将预测结果同步到汽车导航系统中，由此构建了 Inrix 基于数据的交通预测模式。

从在线旅游企业的发展现状看，国外商业模式经常是国内企业复制创新的模板。旅游数据服务类企业中，Duetto 是美国新兴的大数据旅游服务企业，通过大数据分析和预测，为酒店企业的定价政策提供参考。Duetto 通过获取当地的航班流量、季节气候、当地消费水平等参数，运用数据模型计算出合理的价格，让酒店在供需市场中找到更明智的定价策略，并平衡各个分销渠道的销量。Duetto 通过软件服务以及为酒店提供的定价房源的数量收取费用。Duetto 目前已拥有 50 多个国家超过 1000 家酒店和赌场客户，从 2012 年创业至今，完成 C 轮融资，市场发展迅速。国内企业中，与之相类似的是天下房仓，构建了酒店、旅行社之间的产品对接服务。天下房仓基于占有的旅行社、酒店等企业数据，可以分析市场需求、产品供应和分销效率等数据，从而为供应商、分销商提供更合理的价格，为需求方提供更具性价比的产品，提高整个供应链的运转效率。

（二）基于数据和网络的旅游新业态

在依托数据和网络进行旅游金融创新领域，美国运通集团可谓是其中的佼佼者。以旅游者和商务人群为主要目标客户，以旅行服务和签账卡、信用卡、预付卡等金融服务为主要业务，依托庞大的旅游消费者群体与众多商户建立合作关系，构建运通、商户和消费者之间的互惠互利关系。运通基于掌握的庞大的消费群体数据进行消费者行为分析，为合作伙伴提供消费者细分等分析数据，帮助商户实现更精准的销售，运通在全美各大电子商务网站均有支付端口，市场覆盖率达 97%。同时，为会员提供丰富多样的旅游服务，并定期为会员提供种类繁多的娱乐休闲项目。商户通过对持有运通卡的消费者给予打折、积分等相应优惠，实现业务的持续增长。运通在全球精选近 400 家优质合作商户，涵盖旅游相关、餐饮、购物、娱乐等行业。消费者通过使用运通卡，便于旅行的相关结算，享受商家的专有折扣，累积消费积分并实现积分兑换。基于三方互利的旅游结构，运通构建了以支付为中心的盈利模式，主要赚取合作商家的返点收益。运通平均从每张卡上的返点收益约占总收益的50%左右；另有30%的收益来自各种与信用卡相关的费用收益；剩余不到20%的收益来自贷款利差。

国内的旅游企业，近年来基于互联网和大数据应用开发，开始探索旅游金融领域，并初步形成了旅游互联网金融和旅游互联网保险等相关新兴业态。

1. 旅游互联网金融

根据易观智库发布的《2015年中国互联网旅游金融市场研究报告》，预计到2017年，互联网旅游金融市场交易规模将达到221.9亿元，互联网旅游金融将成为推动在线旅游市场增长的主要力量。旅游互联网金融是在线旅游企业依托庞大的用户基数和大量的预收、预付资金，为消费者或关联企业提供的消费金融业务。基于庞大数据基础，通过模型构建和数据分析，在线旅游企业可以对消费者和关联企业有较好的信用判断，从而根据消费者和相关企业的信用情况提供相应的金融服务，如贷款、消费分期、理财产品等。2013年携程推出了"携程宝""程涨宝"，包括"90天旅游基金""180天旅游基金""月月返"等产品类型和"任我游""任我行"礼品卡优惠套餐，以预付卡的形式提供服务。2015年携程成立小额贷款公司，提供供应链贷款、旅游个人消费贷款业务等。其他一些在线旅游企业也推出了分期消费产品，如去哪儿网推出的"拿去花"、途牛网推出的"首付出发"、驴妈妈推出的"小驴分期"等，在消费数据分析基础上，对符合申请资格的用户给予消费信用额度，为消费者提供分期付费的旅游产品。2016年11月25日，携程与深圳德远益信投资有限公司等四家企业与上海银行共同筹建上海尚诚消费金融股份有限公司，继续深耕旅游互联网金融市场。

2. 旅游互联网保险

2016年，蚂蚁金服保险和CBNData联合发布的《2016互联网保险消费行为分析》显示，截至2016年3月，互联网保险服务用户已超过3.3亿，同比增长42.5%。其中，2015年互联网旅行保险保费规模同比增长140%，明显高于保险行业总体20%的保费增长速度，旅游互联网保险发展潜力巨大。

旅游互联网保险是在线旅游与保险业融合而生的新产物。在线旅游企业及旅游平台在线上旅游产品销售中，针对游客的消费需求，推出不同类别的旅游保险产品。保险业和旅游业的深入融合，实现两大产业的数据共享，可以更深层次地推动更符合旅游者需求的新型旅游保险产品的出现。除传统的财产损失险、责任险、旅行意外险、境外医疗险的线上销售外，针对旅游者的需求，一些新的保险类产品，如退票险、航班取消险、航班延误险、户外运动险等开始出现。大数据研发在反推保险产品创新的同时，对于产品的市场性也可以起到良好的保障。蚂蚁金服联合保险公司曾推出过一款机票退票险，利用大数据资源，将购票者的年龄、消费习惯、历史退票记录、买机票的时间、起降地的天气、不同机场的管理水平等数据进行模型构建，由此计算每张机票的退票概率，并据此进行定价，成功将赔付率降低至合理水平。携程、去哪儿、途牛等均推出了互联网保险，包括健康险、意外险、旅行险、趣味险等。

旅游互联网保险的未来发展，一方面是进一步打通旅游业和保险业的大数据池，建立数据共享、交互平台，更加深入地分析了解游客需求，创新出更适合游客需求的新型旅游保险产品。针对新兴旅游业态，如租车、在线度假租赁等推出合适的新产品；同时，针对不同的场景性产品，如樱花、红叶、喷泉等特定产品，推出新型保险产品。另一方面应加强产业间的资源共享，进一步推进保险企业与旅游相关企业之间的资源互换和共享，如建立不同行业间的积分兑换、积分互换等机制。

三、大数据实现企业精准营销

依托企业、平台或第三方机构的海量数据，运用大数据技术进行分析和预测，对用户行为进行更具针对性的分析，将企业产品更加精准地销售给目标顾客，是大数据时代企业精准营销的重要内容。大数据可以实现营销的科学化，利用庞大的数据资源进行科学分析，量化营销行为，恰当选择客户人群，而不是盲目投放资源，损失潜在和已有客户。同时，大数据可以增加营销对市场和顾客的可预见性。通过对全面性数据的处理，发掘各种数据之间的相互关系，判断市场趋势和消费者心理，进而制订个性化的营销方案。大数据时代下，精准营销节省了时间，提高了效率，正逐渐成为营销市场最重要的发展方向。

Facebook 是美国仅次于谷歌的第二大互联网广告公司。作为全球最大的社交网站，Facebook 的全球用户已达 15 亿，用户的喜好、购物历史和社交关系等信息是 Facebook 的重要资源。市场研究机构 comScore 针对美国人上网的统计数据显示，每 6 分钟的上网时间里，就有 1 分钟属于 Facebook；手机端上网的数据显示，每 5 分钟的上网时间里，就有 1 分钟属于 Facebook。Facebook 每天会采集到 500TB 以上的数据，根据海量用户的使用习惯进行数据挖掘，形成十分精准的用户"画像",准确把握用户需求和广告主的需求,帮助广告商锁定目标人群,从而实现供需之间的有效对接。Facebook为磷虾油所做的精准营销中,56%的目标客户在8周时间内收看了广告,倾向于购买的客户数量提升了2个百分点,每84位收看过广告的Facebook用户中,约有1位用户"点赞"、发表评论或分享广告链接,这一比例是此前广告效果的三倍,广告所带来的销售收入是广告投入的两倍,效果比传统媒体发布广告更好。2015年,Facebook广告收入达162.9亿美元,占整个社交网络广告收入的64.8%。

国内的在线旅游企业,在利用数据挖掘进行精准营销方面也形成了成功模式。携程利用其庞大的客户数据进行分析,将用户的相关需求数据转化为标签,这些标签包括用户入住过的酒店、乘坐过的交通工具、游玩过的景点、分享过的经历等,据此构建用户画像,并通过识别标签信息向用户提供更高质量的一站式旅游服务(见图4-1)。携程的"猜你喜欢"版块就是通过对用户画像的分析,为用户进行个性化推荐的案例。同程网、途牛网等在线旅游企业,在精准营销时,会利用多维数据整合分析的结果,对用户意向目的地信息进行智能推荐,简化客人的选择过程,为用户打包好行程所需服务。同时,在对用户消费行为分析中,根据用户的兴趣和消费趋向反向定制旅游产品,从用户的年龄、性别、浏览历史、下单历史、所在地区等多个维度进行分析,从而在不同地区针对不同类型的人群主推不同的产品。美团云发布的旅游云产品,是运用云计算和大数据技术,对游客行为、客源地、消费习惯进行画像及分析,再通过智能终端与消费者发生接触,借由新媒体将相关旅游营销信息精准推送,最终影响游客的出游决策。

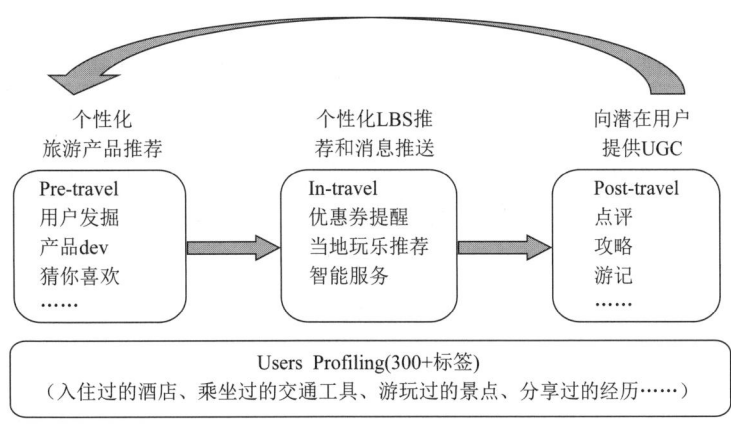

图4-1　携程的大数据精准营销

四、基于大数据的企业生态圈构建

未来的世界是大数据的时代。基于大数据的企业生态圈的构建,将是企业竞争力的重要体现。企业生态圈包括两类:一是企业内部完善商业生态链,通过数据整合,构建闭环系统,形成内部各业态间的协同发展;二是企业在内部生态圈的基础之上,搭建开放平台,为合作伙伴、客户、外部企业和个人提供平台价值,在更大范围内做大生态圈。无论是阿里平台还是腾讯云,都将开放式平台建设作为重点。云API是腾讯云开放生态的基石,企业或个人可以以接口形式访问腾讯云的各种资源,以此构建自己的资源管理系统、自动化运维系统、售卖平台和开发工具等,同时也为创业创新者提供了一个开放式平台。基于大数据的企业生态圈构建,一方面可以整合企业自有资源和数据,提升利用效率,降低内部成本,提高产业间的协同效果,从而提升企业竞争力;另一方面企业可以在开放平台的基础上,将更多的企业、个人、合作伙伴引入生态圈中,通过与相关合作方的深度合作,加快推动各方对已有资源的研发创新,形成更高效率的孵化平台,在持续创新和推出新产品、新业态的基础上,全面提升企业竞争力。

阿里巴巴是企业生态圈构建的倡导者和践行者,同时也是大数据支撑生态圈建设的引领者(见图4-2)。阿里巴巴打造了电商系、物流系、金融系、阿里云系以及其他业务体系,各业务内部自成生态圈,如电商系构建了B2C、C2C模式,为企业、个体商户和消费者提供了供需对接的平台。各业务之间相互协同,构建阿里巴巴自有的闭环生态圈,从支付、信用、物流、商品之间的业务协同,到云计算、大数据分析为所有业务提供的技术支撑、精准营销和新业务开拓,构建了阿里系自有的完整生态体系。同时,阿里巴巴的生态圈从每个业务体系到大阿里巴巴体系都是开放体系,无论是电商系、物流系、金融系、阿里云系还是音乐、体育、旅游等新业务,均是开放平台形式,与相关企业、个人、创业者及合作伙伴构建了资源、信息、平台共享的业务合作模式。

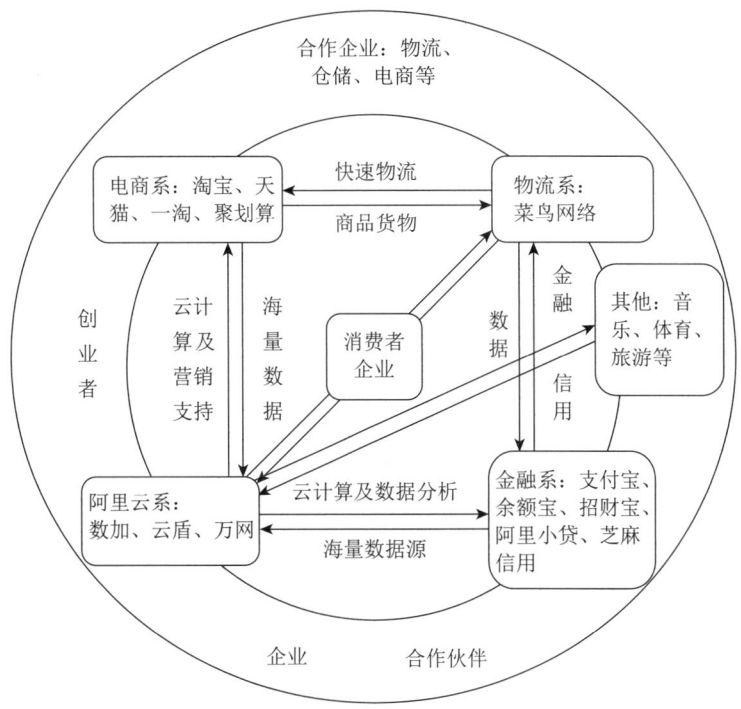

图 4-2 阿里巴巴基于大数据的生态圈

海航集团也是生态圈的倡导者。2016 年 3 月，海航生态科技集团成立，成为继海航实业、海航资本、海航物流、海航旅业之外的海航集团第五大产业群，开启了海航由传统产业向"互联网+"的战略转型，海航集团开始构建以大数据为支撑的生态圈体系（见图 4-3）。

海航旗下庞大的实体产业已经构建了各要素系统相对完善的全业态生态链，依托旗下的航空公司、旅行社、商场等提供的庞大客流，以及金融业务所积累的关于企业和用户的金融数据，海航拥有自有实体产业的海量数据资源。海航生态科技集团的成立，将会对海航做两个生态圈构建支撑，一是海航各主要业务间的生态圈，海航各实体产业之间的数据共享以及业务链接，加强各业务间的协同效应，降低成本。同时基于各业务间的数据和优势资源整合，衍生出全新业务及产品，如海航通信与航空已实现的电话消费和机票消费的积分共享，可以为企业发展带来新的方向和利润点。通过企业内部资源的再分配、再使用、再开发，可以将原本的闲置资源演变为增值服务，提升企业的商业价值。二是海航在整合各业务板块资源和数据的基础上，搭建开放平台，将合作伙伴、企业、个人纳入其中，加强海航旗下各业务板块与相关合作方的资源和平台共享，实现互促、共赢，并增强企业的创新研发能力，在更大的平台上拓展业务。

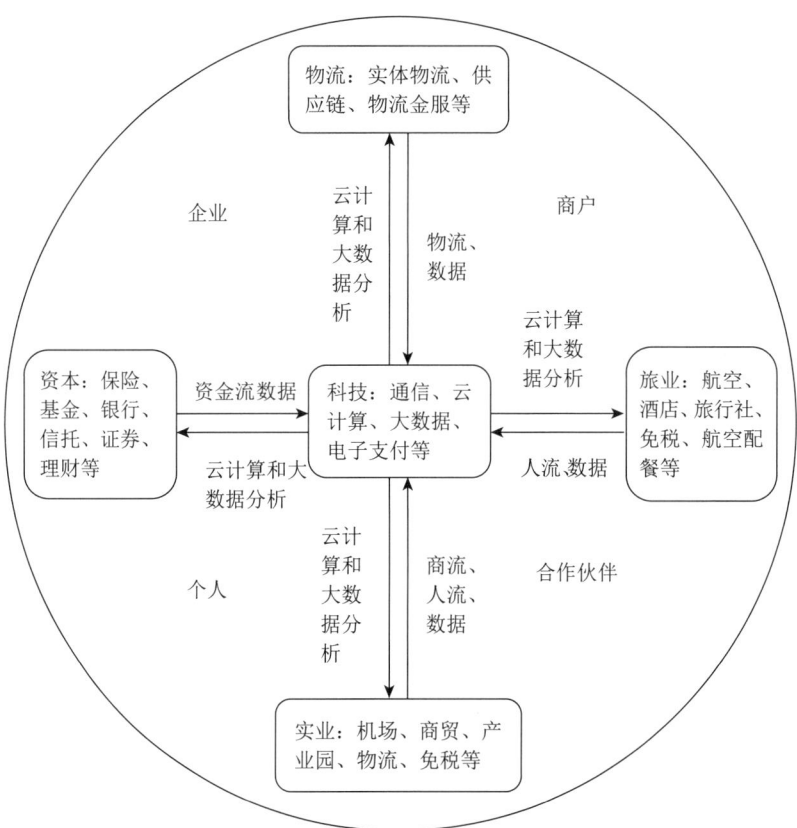

图4-3 海航基于大数据的生态圈

第五章 旅游大数据任重而道远

从我国旅游集团大数据应用情况看，大数据应用仍处于自发式的初级阶段。大数据在旅游行业的应用仍处于概念的导入期，除少数新兴企业在大数据应用方面有所成效，走在行业的前面，大部分旅游企业尚处于重新认知大数据、开始探索大数据的阶段。大数据不能自然产生商业价值和竞争优势，关键在于大数据的深度开发和应用。我国旅游企业虽然掌握了很多数据，但仍缺乏开发、利用大数据的实验室、数据库、研发人员等，制约旅游大数据的利用。旅游大数据的开发、应用，仍有漫长的路要走。

一、各类科技研发投入尚有较大提升空间

美国是科技研发超级大国。美国信息产业竞争力在全球领先，技术创新水平与科技研发经费投入均居世界首位。高强度的研发经费投入是美国高技术产业能够快速发展，并在国际上占据领先地位的关键。美国也是开展大数据研究、应用和开放的首个国家，是全球大数据产业发展的引领者。近年来，我国科技研发投入不断增加，但与科技研发先进国家美国相比，仍有很大的差距。

从研究与实验发展（R&D）经费投入看，中国对研究与实验发展（R&D）日益重视。从中国与美国、日本、德国、法国、韩国、英国等6个国家研究与实验发展（R&D）投入的比较看（见图5-1），中国出现了赶超态势，2011年，日本是仅次于美国的高科技研发投入国家，到2014年，中国已经超过日本，成为科技研发投入次高的国家。从研究与实验发展（R&D）投入增速看（见图5-2），中国是7个国家中研究与实验发展（R&D）投入增速最高的国家，年均增速达到16.4%，其次是韩国（10.4%）。日本近年来研究与实验发展（R&D）呈现下降趋势，是7个国家中唯一一个负增长的国家（-6.2%）。英国、法国、德国保持了小数位增长。美国研究与实验发展（R&D）支出变动很小，

近几年年均增速为2.1%。

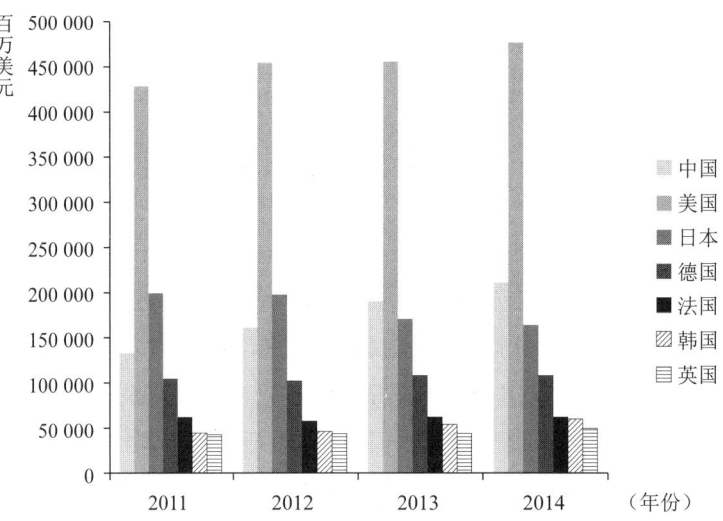

图 5-1　2011—2014 年中美日等 7 国 R&D 支出对比

数据来源：2014年我国R&D经费特征分析。

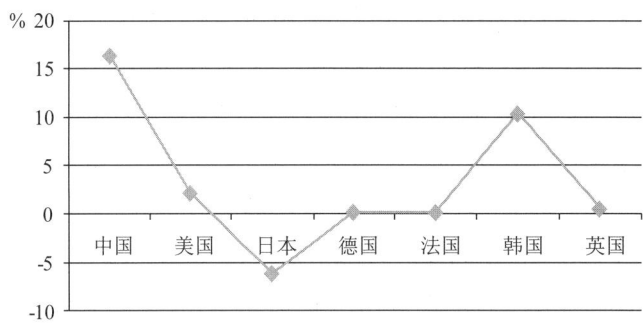

图 5-2　2011—2014 年中美日等 7 国 R&D 支出年均增长速度

数据来源：2014年我国R&D经费特征分析。

从中美两国近11年的研究与实验发展（R&D）投入情况看（见图5-3），中国和美国的差距正逐步缩小。2005年，美国研究与实验发展（R&D）投入3272亿美元，中国研究与实验发展（R&D）投入302亿美元，中国研究与实验发展（R&D）经费投入是美国的9%。2015年，美国研究与实验发展（R&D）投入为4992亿美元，中国研究与实验发展（R&D）投入达到2275亿美元，是美国研发投入的45.6%，两国研究与实验发展（R&D）投入的差距不断缩小。

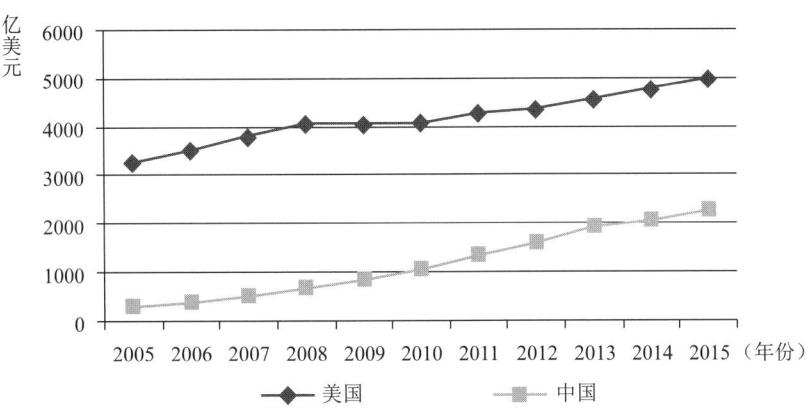

图 5-3　2005—2015 年中美 R&D 支出对比

数据来源：2005—2015年全国科技经费投入统计公报；美国科学基金会官网。

从不同的研究与实验发展（R&D）投资主体看，中国的研究与实验发展（R&D）投资主体包括政府、企业和高校，美国的研究与实验发展（R&D）投资主体除上述三类外，还包括非营利性组织如基金会等。企业是美国研究与实验发展（R&D）的中坚力量，2015 年，美国企业研究与实验发展（R&D）支出达 3596 亿美元（见图 5-4），占全部研究与实验发展（R&D）支出的 72%。中国和美国企业研究与实验发展（R&D）支出的差距逐渐缩小，2005 年，中国企业研究与实验发展（R&D）支出仅占美国企业研究与实验发展（R&D）支出的 9%，到 2015 年，这一比例已提高至 48.5%。中国企业研究与实验发展（R&D）支出的持续提升，充分表明企业主体对研究与实验发展（R&D）的重视，中国企业在科技创新方面的竞争力不断增强。

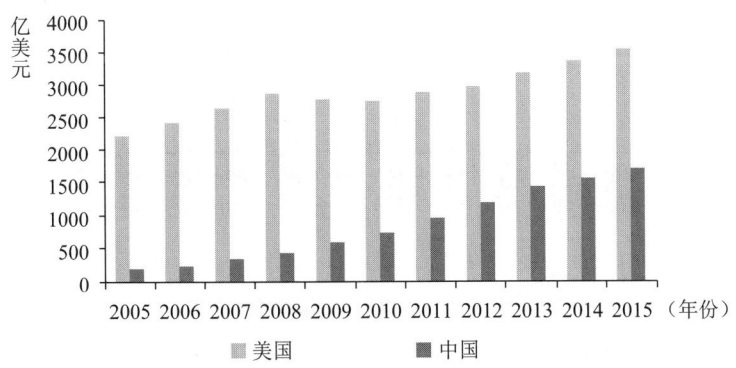

图 5-4　2005—2015 年中美企业 R&D 支出对比

数据来源：2005—2015年全国科技经费投入统计公报；美国科学基金会官网。

中美两国政府对研究与实验发展（R&D）投资的重视程度很高，两国来自政府方面的投资差距远小于其他两种投资主体。2005年，中国政府类研究与实验发展（R&D）支出是63.34亿美元，美国是263亿美元，中国政府类研究与实验发展（R&D）支出占美国的24%；到2015年，中美两国政府类研究与实验发展（R&D）支出分别为343亿美元和531亿美元，中国政府研究与实验发展（R&D）支出占美国的比例提高到64.6%（见图5-5）。两国政府对研究与实验发展（R&D）的投入差距逐渐缩小，更多依靠推动企业和社会力量加强研究与实验发展（R&D）。高校作为研究与实验发展（R&D）主体，中国高校和美国高校间在研究与实验发展（R&D）投入和研究与实验发展（R&D）成果方面的差距尚十分巨大。2005年，中国高校研究与实验发展（R&D）支出为29.91亿美元，美国为470.06亿美元（见图5-6），中国高校研究与实验发展（R&D）支出占美国的6.36%。2015年，中美高校研究与实验发展（R&D）支出分别提升至160.33亿美元和663.73亿美元，中国高校研究与实验发展（R&D）支出占美国的比例提高到24%，表明中国高校对研究与实验发展（R&D）的投入和重视程度有所提升，中国研究与实验发展（R&D）意识和科技人才培养意识在增强，但和美国相比，依然有很大的提升空间。

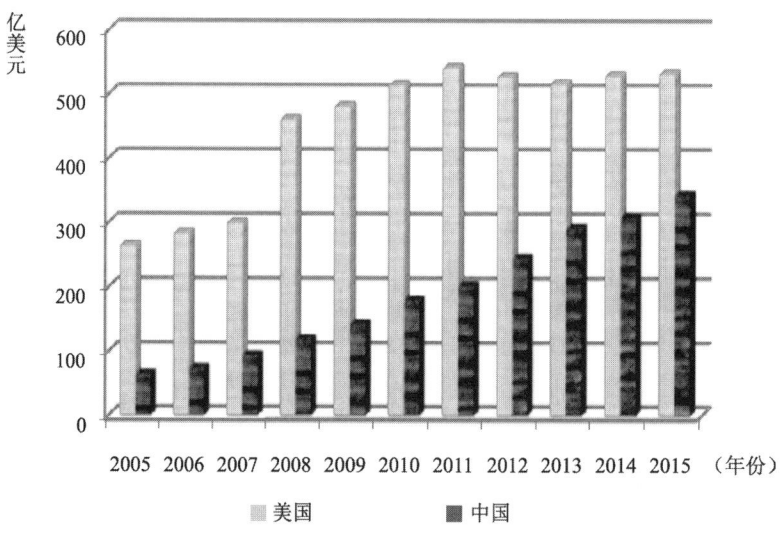

图 5-5　2005—2015 年中美政府 R&D 支出对比

数据来源：2005—2015年全国科技经费投入统计公报；美国科学基金会官网。

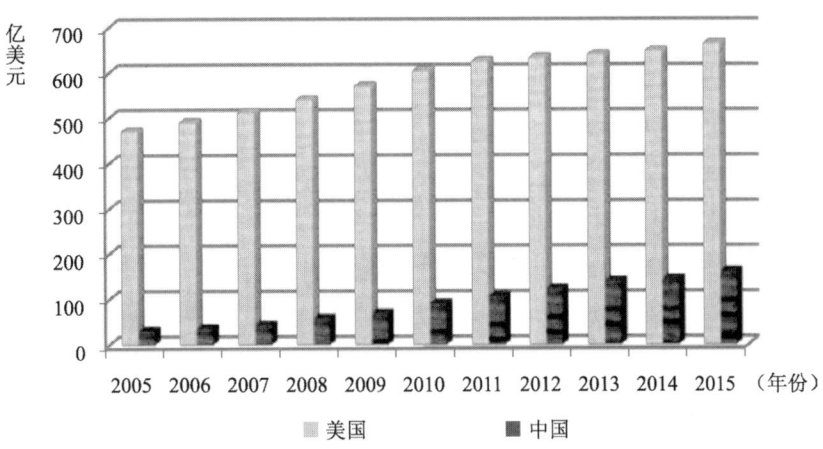

图 5-6　2005—2015 年中美高校 R&D 支出对比

数据来源：2005—2015年全国科技经费投入统计公报；美国科学基金会官网。

从中美两国研究与实验发展（R&D）投入强度看（见图 5-7），美国研究与实验发展（R&D）投入强度基本维持在 2.5%~2.9%，保持了相对较高比例。中国研究与实验发展（R&D）投入强度从 2005 年的 1.34% 增长到 2015 年的 2.07%，增长了 0.73%，充分表明近年来中国对研究与实验发展（R&D）和创新发展的重视，社会各界和政府部门对研究与实验发展（R&D）投入不断增强，以创业创新推动产业发展正成为中国发展的新动力。

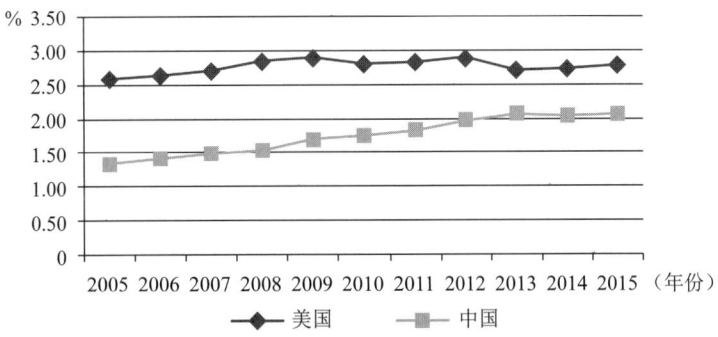

图 5-7　2005—2015 年中美两国研究与实验发展（R&D）投入强度对比

数据来源：2005—2015年全国科技经费投入统计公报；美国科学基金会官网。

二、中小企业科技研发主体地位有待提升

我国企业研究与实验发展（R&D）投入中，大型工业类企业是研究与实验发展（R&D）投入的绝对主体。2015年，全国研究与实验发展（R&D）支出14 169.9亿元，其中规模以上工业企业研究与实验发展（R&D）经费支出10 013.9亿元，占全部研发经费支出的70.67%，主要集中于采矿业、制造业、电力、热力、燃气及水的生产和供应业。中小企业科技研发资金不足、科技研发意识欠缺是当前中国企业科技发展中的主要问题。

从美国企业研究与实验发展（R&D）投入主体看，美国中小企业在科技研发中的地位不断提升（见表5-1）。美国科学基金会的数据显示，1981年，特大公司（超过25 000人）的研发投入占全美研发投入的70%，主导了美国的创新和研发。2014年，特大公司研发投入占全美研发投入的36%。1000人以下公司研发投入占全美研发投入的比例由1981年的4%上升到2014年的20%，中小型企业在研发投入中的地位不断提升（见表5-1、图5-8）。大公司（1000~25 000人）成为科技研发投入的主体，自2008年以来，大公司科技研发投入占全美科技研发投入的比例一直保持在41%~44%，并呈上升趋势。从美国科技研发投入情况看，微型企业（5~24人）依然保持了较高的研究与实验发展投入，2014年，微型企业研发投入占全美研发投入的3%。中小微型企业研发投入在全美研发投入中占比的提升，充分说明科技研发和创新呈现分散化状态，开始由特大型公司向小公司转移，究其原因，知识、信息特别是数据资源的深度开放，使得创新和研发不再是大公司、大企业和精英阶层的专利。美国的研究与实验发展投入中小型企业的崛起，与我国当前提倡的"大众创业、万众创新"的现状暗合。随着国家大数据政策的逐步落地，政府和企业大数据的逐步开放，中小企业和个人在创业创新中的地位将会不断提升。

表5-1 2008—2014年美国不同规模企业研究与实验发展（R&D）投入

单位：百万美元

人数＼年份	2008	2009	2010	2011	2012	2013	2014
5~24	14 280	11 794	12 573	10 981	9 841	10 297	10 472
25~49	9 626	9 692	8 625	10 861	7 195	7941	8 428

续表

年份 人数	2008	2009	2010	2011	2012	2013	2014
50~99	9 351	13 282	8855	9468	9182	8910	10 178
100~249	14 662	12 747	11 866	12 528	12 480	13 666	13 492
250~499	10 219	11 204	10 283	12 955	11 264	12 189	12 203
500~999	11 886	10 119	10 117	10 027	11 484	12 002	13 262
1000~4999	46 336	44 008	48 228	50 485	50 691	55 517	57 551
5000~9999	24 764	21 864	27 463	24 951	30 483	31 514	38 202
10 000~24 999	48 737	51 037	41 835	49 214	49 493	51 218	54 445
25 000及以上	100 820	96 645	99 133	102 623	110 138	119 275	122 495

数据来源：National Center for Science and Engineering Statistics，美国科学基金会官网，2016年8月。

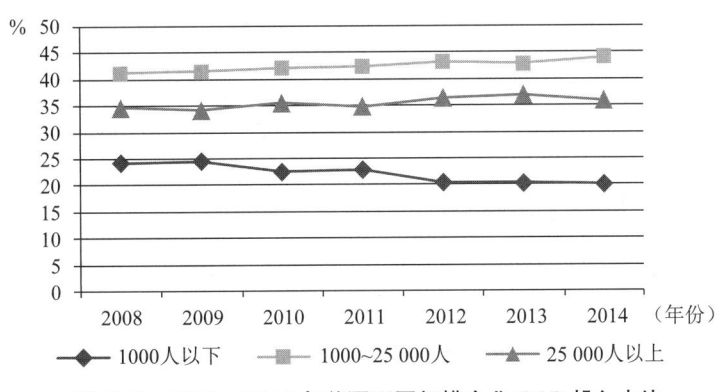

图5-8　2008—2014年美国不同规模企业R&D投入占比

数据来源：National Center for Science and Engineering Statistics，美国科学基金会官网，2016年8月。

三、旅游企业大数据研发尚处于起步阶段

国内非生产类企业的科技研发投入相对较低，其中包含旅游企业。从国内企业的研究与实验投入看，主体是以生产类企业为代表的大型工业类企业，非生产类企业，如技术、信息、金融等科技服务类企业研发投入相对较少，在科技部的统计数据中并未单独列出。作为大数据研发的引领国家，美国企业的研究与实验投入中，与中国不同的是，非生产性企业也占有相对重要的位

置。2014年，生产性企业的研发投入为2328亿美元，非生产性企业研发投入为1079亿美元，非生产性企业研发投入占生产性企业研发投入的46%（见图5-9）。非生产性企业的研发投入强度中，专业性、科技类服务企业，如计算机系统设计及相关服务，科技研发服务等企业，研发投入强度最高，2012年高达10%，2014年也达到7.1%（见图5-10）。信息类企业研发投入强度次高，基本维持在4%~6%。美国的企业中，信息类、计算机类以及科技研发服务类企业的科技研发经费相对较高，这也是美国企业在大数据开发、应用中一直保持领先的重要原因，相较于美国非生产类企业的高研发投入，国内非生产类企业的研发投入明显不足。

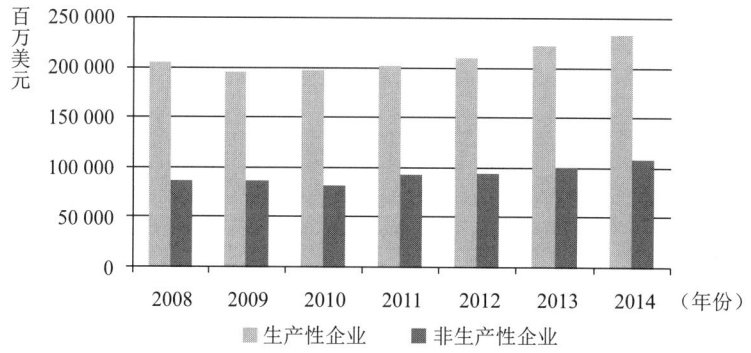

图 5-9 2008—2014 年美国生产性和非生产性企业 R&D 投入

数据来源：National Center for Science and Engineering Statistics，美国科学基金会官网，2016年8月。

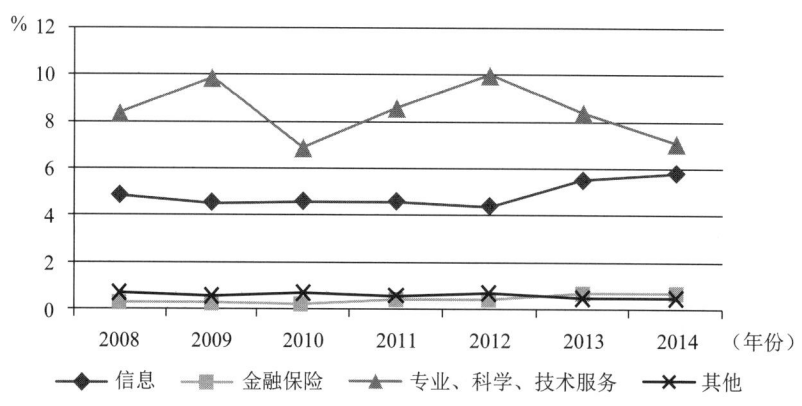

图 5-10 2008—2014 年美国非生产性企业 R&D 投入强度

数据来源：National Center for Science and Engineering Statistics，美国科学基金会官网，2016年8月。

从国内旅游企业的大数据研发情况看，正如前文所述，传统类旅游企业，大多处于大数据的认知和探索阶段。虽然已有部分旅游集团通过设立研发部门、收购科技类企业、自主投资研发大数据等多种方式开始涉足大数据研发和应用领域，但从投入金额、重视程度、应用成果等多个角度看，总体仍处于大数据应用和开发的初级阶段。新兴类旅游企业，如携程、去哪儿、飞猪等，开始依托长期积累的大数据进行了新产品、新业态、营销模式等方面的积极探索，并取得了一定的成效。但目前能够进行大数据研发和应用的新兴旅游类企业数量非常有限，真正进行研发应用的只是极少数领军型企业，对于绝大多数新兴类旅游企业而言，大数据研发和应用仍处于探索性阶段。我国旅游企业大数据研发，市场应用前景广阔，但从数据研发到数据产品化尚有很长的路要走。

第六章　旅游大数据的未来

全球范围内，运用大数据推动经济发展、完善社会治理、提升政府服务和监管能力正成为趋势。大数据能够推动企业新业务的增长和利润率的提升，大数据的广泛应用，有助于创造新的增长机会和全新型公司。同时，大数据也将提高政府数据治理的能力，提升政府的管理效率。大数据的广泛应用将推动思维变革、商业变革和管理变革，推动人类社会各个领域实现巨大飞跃。大数据带来的各行各业的改变，要求政府部门、企业、学界和相关机构要积极适应，围绕大数据的存储、研发、利用和开放做出相应的调整和改变，加快实现数据推动下的旅游产业新发展。

一、政府：推动大数据的开放与共享

1.积极推动政府、部门、企业间的数据开放和共享

政府旅游行政主管部门、各级人民政府和广义的国家治理机构，在涉旅的宏观调控和微观管制过程中，对基础和专业数据的重视都是空前的。无论是阐述旅游的经济影响和社会功能，还是争取财政、金融、土地等资源对旅游的支持，都离不开统计数据和计量研究成果的支撑。从大数据发展的产业实际看，政府决策机构和社会大众需要的，是既包括部门数据，也涵盖行业数据，涉及部门统计信息、假日信息需求、社会发布热点报告等的大数据。旅游大数据的蓬勃发展，既是大众市场和产业主体推动的结果，更是政府主动引导智慧旅游发展的自然延续。如何利用大数据促进旅游产业转型升级等发展思路日渐明晰，现有成果切实为旅游大数据研究和传播等方面提供了强有力的智力服务。

旅游大数据产业发展需要突破部门限制，必须建立基于顶层设计的移动大

数据获取、分析与利用的长效合作机制。以旅行大数据统计分析体系作为有效的合作交流平台，促成旅游数据提供商、数据分析商、旅游研究与应用机构等多主体间的数据对话，以及统筹协调其他相关部门，如公安、工商、外汇、交通、民航、铁路等，相互协作，合力破解数据链条上的体制机制障碍，并建立一套行之有效的合作盈利模式。在该框架下，旅游管理部门明确负责建立并完善旅行统计指标，与相关部门落实数据合作以及进行统计口径、测量方式等问题的探讨。如国家旅游数据中心可以发挥与统计、公安、工商、外汇、交通、民航、铁路等相关部委进行大数据合作的综合协调功能，与中国电信、中国联通成立联合实验室，把国家数据、研究院数据、政府数据、企业数据、行业数据、学校数据等不同渠道形成的旅游数据，通过图表等形式整合出来，建立大数据库，以把握大数据发展的全貌。通过定期发布旅游大数据，积极推动地方政府部门和大型旅游企业组建数据应用和商业研发机构，直接服务于政府宏观决策和产业创新。

旅游主管部门及其机构应在合适的渠道发布各类旅行市场规模相关数据，发布旅游、休闲、度假等细分市场的发展报告，加强行业宏观调控，构建旅游信息数据交换平台，制定统一的数据采集标准，建立数据共享机制，解决信息数据交换和共享问题，积极引导旅游行业各部门之间、各市场主体之间打破数据孤岛，构建政产学研用多方联动、协调发展的大数据产业生态体系。协调相关部门建立保护个人隐私的数据使用规范，从数据申报、审批到使用都要建立严格的监管措施，同时使用技术手段来保障个人信息不被泄露（如在数据中屏蔽个人姓名等信息）。如指定旅游统计部门及其相关机构定期发布旅行数据、旅行行业研究报告、专题研讨会等，鼓励类似《中国旅行服务业发展年度报告》等研究课题，形成社会关注的旅行指数体系，促进旅行产业中技术、资本、人才的发展完善。另外，依托网站集群，形成"省—市（州）—县（区）"多级一体的旅游电子政务体系，实现信息的逐级报送、审核和发布，实现资源共享。

在全国性政府公共数据开放的基础上，推动省、市、自治区以及城市的政府公共数据开放。开放可以有层次、有范围地逐步推开，针对特定的组织和群体开放。搭建数据分享平台，为企业、个人的数据应用、开发和创新提供充足的数据资源。推动不同类别企业，如国企、民企、外资、合资等的数据开放和共享，推动各地建立大数据交易机构和交易机制，实现大数据的市场化发展。

2. 规范完善旅行数据统计体系

旅行数据具有类型多样的综合性特征，在现代科技的应用推动下，旅行数据的大数据特点更加显著。同时，由于旅行市场的综合性和旅行相关部门的分散化，当前旅行数据也是一个尚未统一研究、开发和利用的领域。而无论政府主体、产业主体还是消费主体均希望得到一致性、体系化成果。多元化的统计口径和统计方式带来了研究和分析结果的不一致，也影响研究决策的科学性和准确性。

因此，应打破现有旅游统计体系惯性思维，在全域旅游的战略指导下，制定旅游行业数据分级规范和旅游数据分类规范，进行数据采集、编目、分级，建立并完善我国旅行大数据的统计分析体系，实现旅游数据分类归档、授权应用。可以帮助旅游管理部门和相关产业进行深入的数据挖掘，准确了解潜在旅游需求规模在空间、时间上的变化。

3. 协调推进旅游大数据挖掘常态化

随着信息技术的不断发展和普及，越来越多的旅游位置和消费数据资源掌握在运营商和在线企业手中，应协调旅游特征企业在不涉及客户隐私的基础上，通过标准化算法对脱敏数据进行迭代运算，获得专项旅游市场规模、出游距离、出游时间、旅行轨迹、花费额度及去向指标数据，并据此定期发布乡村旅游、出境旅游、自驾车旅游等难以通过传统抽样方法获得数据支撑的发展报告及指数。

4. 积极引导旅游市场主体的数据应用和原始创新

加强旅游大数据顶层设计，尽快组织出台《关于促进旅游大数据应用的指导意见》，推动成立国家和地方政府旅游数据体系，引导建设国家级旅游大数据产业联盟，争取到"十三五"末期，旅游用于大数据方面的研发投入比例位于各行业前列。鼓励企业加快内部数据整合与集成，夯实企业大数据应用基础，进一步完善企业研发费用计核方法，将旅游企业大数据应用研究费用加计扣除优惠政策范围，加强对小微旅游企业大数据应用方面的财政税收政策支持。支持旅游集团20强企业积极打造成为世界一流的大数据应用公司，以大数据重构商业模式并实现大数据的市场应用价值，申请大数据发明专利。召开全国性的旅游大数据会议，总结旅游大数据应用优秀企业的经典案例并予以表彰，举办旅游大数据应用优秀项目成果展，扩大旅游大数据应用成果在全社会的影响力。

二、企业：加快建设大数据开发应用体系

1. 大型旅游集团：积极引领旅游大数据开发

大数据已成为驱动企业创新发展的新动力。旅游集团是旅游市场发展的重要主体，已成为行政主体之外促进旅游经济繁荣发展的另一支战略主导力量，在产业发展中起到了重要的引领作用。我国旅游集团在实践中已经积累了大量与旅游消费行为、企业运营管理、行业发展趋势相关的数据。这些数据犹如深埋的宝藏，需要经过系统清洗、分析、开发，才能成为推动企业发展的现实生产要素。旅游集团应充分发挥在旅游产业发展中的创新引领作用，积极推动旅游大数据在本企业的开发和应用。

传统旅游集团应重视大数据在推动产业和企业发展中的重要作用，加快设立大数据研发部门、数据库、专业研究机构，加强大数据研发人才和研发基础建设；也可通过资本方式投资或收购科技类公司，加强集团在大数据研发方面的力量，快速追赶大数据应用先进企业。借鉴国外大型旅游集团大数据开发经验和投资比例，加大对大数据研发的存储、研发投入，保证大数据研发的经费支持。以大数据应用为基础，加速推动大数据对集团现有业务的数据资源整合，增强业务间的协同发展效应，利用大数据技术推动现有产品的品质提升、管理优化、新产品和新业态开发，增强大数据在国际旅游趋势、竞争对手、市场需求方面的分析和应用，提高企业在国际市场上的投资效率，提升集团的国际竞争力。

在线旅游类旅游集团，本身是科技应用发展的产物，在大数据存储、数据库建设、大数据应用和开发方面已经具有一定的基础。未来应以大数据应用领先型国际旅游企业为对标企业，完善企业大数据应用基础，进一步聚焦国际大数据研发方向和发展重点，做旅游行业大数据应用的引领者和排头兵。以成为世界一流大数据应用公司为目标，以大数据重构商业模式，实现大数据的市场应用价值，积极申请大数据发明专利。积极构建国内大数据平台，为中小旅游企业、政府、个人的大数据研发提供开放性平台和支撑技术，推动我国旅游大数据的创新和发展。

2. 中小型企业：以应用为导向，加快大数据研发

中小型旅游企业正面临大数据创新发展的新机遇，抓住机遇，可以实现企业的跨越式发展。从美国科技研发主体看，中小型企业在科技研发方面的重要

地位正不断凸显。我国中小型旅游企业，应进一步重视大数据对推动企业发展的重要作用，从理念上重视新技术的开发和应用。根据企业实际情况，加强对应用性大数据的研发，增加企业的研发人员和研发投入，针对具体性的经营、管理、产品等内容开展研发，提升企业运营水平和效率。要善于借用大型企业提供的大数据应用平台，如腾讯、阿里等企业提供的开放平台，以最少投入实现最大研发效果。积极联合同类企业，共建联合研发实验室，以多家之力共同研发，实现研发成果的共享。同时，善用外力，积极与国内的高校、研究机构、大型企业的研究团队合作，采用拿来主义，应用专业机构的研发成果，加速推动本企业在数据驱动时代的发展。

三、社会各界积极推动行业大数据应用和研究

1. 行业中介：积极支持旅游企业主体的大数据开发与应用

充分发挥旅游行业协会的服务功能，利用行业协会对产业发展的引领作用，引导旅游企业的创新发展。支持旅游企业的大数据研发，帮助其克服资金、技术、人才等方面的限制，鼓励企业加快内部数据整合与集成，加强对旅游数据的收集、分析和挖掘工作，建立旅游大数据采集、存储、应用、共享体系，促使旅游企业集团在经营模式、操作手法、思维认知模式等方面不断进步，谋求与旅游大数据同步发展。利用协会的影响力和平台效应，积极推动协会会员企业间大数据应用的分享、交流及问题探讨。通过举办专题会议、日常交流会议等多种形式为旅游企业的大数据应用和开发提供支持。积极充当企业和政府间的沟通桥梁，为旅游企业的大数据开发、应用争取更多的政府资金、政策、业务支持。积极推动政府公共数据资源向旅游企业开放，为旅游企业运用大数据进行业务、产品创新提供更加丰富的数据资源。积极推动政府、企业以及相关行业的数据分享，为旅游产业基于数据的创新提供资源基础。

2. 教育研究机构：以学术研究引领旅游企业大数据应用方向

在大数据时代下，学界和研究机构应紧紧把握大数据发展的需要，将学术研究与行业发展实践紧密联系在一起，既要掌握大数据的基本原理、基本方法，收集市场、产业和政府管理方面以及国际比较方面的相关数据，更要有学术的洞见力，学会并善于从纷繁复杂的旅游与旅行大数据中预见产业的未来。

加强旅游大数据应用的基础性和探索性研究。在大数据快速发展和应用的时

代,需要学术界用更加开放的学术视野进行大数据研究,为产业发展提供必要的学术支持。在对大数据的定义、内涵、特征、应用和开发进行基础性研究的基础上,引入更多的变量,创造全新的学术观点,积极引领旅游行业大数据的应用和开发。政府、高校、企业和社会等方面的研究机构,应加强对旅游大数据全方面、多层次的动态研究,更多地站在企业主体的角度对大数据的应用、发展趋势等进行研究,为旅游企业大数据应用提供战略决策咨询。特别是旅游集团的研究机构,要在对集团大数据资源进行整合的基础之上,通过大数据研究,为集团产业发展提供方向支持,为集团新产品开发、新业态形成提供理论指导。

建立可靠的旅游大数据理论科研和教育支撑体系。在旅游大数据的观念、理论、指标体系构建及测算方式上,在旅游大数据统计工作的组织方面,要来一场全方位的、深刻的革命。要联合国世界旅游组织、世界旅游业理事会、世界经济合作与发展组织等国际组织,联合其他国家的旅游主管机构,联合旅游行业相关部委和旅游大数据企业,逐步建立起覆盖全国、内外联动、功能完备、科学可靠的中国旅游大数据体系,深度融入世界旅游发展的大格局。高等院校要加强和旅游企业的合作,加强旅游需求预测、产品开发等方面的理论、模型、案例研究,建立健全多层次、多类型的大数据人才培养教育体系。

加强国内外大数据成功案例研究,为旅游集团大数据应用提供支持。建立国内外企业大数据应用案例库,特别是建立典型企业案例库,为旅游集团的大数据应用和开发提供可资借鉴的成功经验。旅游科研院校应充分发挥人才优势,加强对国外微软、亚马逊、沃尔玛、Priceline、Airbnb等企业应用大数据研发的案例研究,总结成功经验,找出存在问题,为我国旅游企业的大数据应用研究提供国外经验借鉴。加强对国内阿里巴巴、腾讯、百度等大数据应用开发的研究,总结经验,为旅游集团的大数据开发提供国内经验借鉴。

加强大数据应用人才培养,支持旅游企业创新发展。大数据的广泛应用导致大数据国际国内人才的欠缺。据麦肯锡估计,到2018年,美国在大数据方面的人才,包括数学、统计和机器学习等领域,将面临14万到19万个人才欠缺,占这方面就业机会的30%~40%。我国的大数据人才欠缺面临比美国更加严峻的形势。高等院校和研究机构应针对当前产业发展需求,尽快调整专业设置,增设大数据人才培养方面的专业,加强对统计、机器学习、数据分析等方面的人才培养,以及具有多方面知识的综合性人才培养,为我国旅游企业大数据应用和发展提供人才支持。

第二编
2016年中国旅游发展论坛实录

圆桌论坛一　大数据与商业应用

主持人：中国旅游研究院产业所所长　李仲广博士
嘉　宾：杭州商旅集团公司总经理　陆晓亮
　　　　同程旅游创始人兼CSO　王专
　　　　岭南集团副总经理　李峰
　　　　华侨城·深圳锦绣中华有限公司副总经理　涂国勇

李仲广： 各位嘉宾下午好。非常荣幸邀请到20强集团的领导来分享他们对旅游发展的一些看法。在今天上午的年会上，关于资本、科技、大数据对集团的影响这一课题，大家都做了深刻的探讨，想请各位老总谈谈过去一年企业在转型与大数据应用方面的一些做法，首先请陆总来回答。

陆晓亮： 各位好，我来自杭州商旅集团。杭州商旅集团是一个比较老的旅游集团，前身是杭州旅游集团。2012年，我们向首旅学习，将杭州旅游集团和杭州商业资产经营有限公司合并，变成杭州商旅集团。2016年我们做了一件比较有影响的工作，组织完成了G20上张艺谋导演的《最忆是杭州》的文艺演出。虽然取得了一定的成绩，但是杭州商旅集团受传统体制机制的束缚，以及大数据、互联网的冲击，正面临着转型升级，也面临着很多困惑，所以今天我也是抱着向各位同人、各位前辈学习的态度来的，想多听听各位的分享。

王专： 各位领导、各位企业家，很高兴有机会代表同程来参加这次论坛。2012年，同程开始参加中国旅游协会和中国旅游研究院举办的旅游集团会议，每一次参会都让我们看到了自己公司的不足，每一次无论是听各位企业家的演讲，与各位代表的交流，还是事后回去的研读和学习，都推进了同程的较快发展。2016年，同程发展的主题词是线上线下结合，去年在西双版纳的会议上，我们提炼出线上+线下结合的主要特点，到今年充分确立线上+线下的中心地位，可以说有了一定的进步。

李峰：各位企业家、各位领导，大家下午好，我来自广州岭南集团，所在公司是一家广州的地方企业。2016年，岭南集团在旅游板块有两方面的动作：一是基于产业融合打造发展生态圈，把我们的岭南酒店和具有一定规模的广之旅通过资本平台进行重组，构建泛旅游生态圈；二是基于大数据的线上线下整合，去年广之旅推出了"一起行"智慧旅游服务平台，岭南酒店在这个平台的基础上，整合了线上线下客户资源以及主体业务。今天参加这个论坛，特别是上午各位重量级专家们的讲话，令我们收获良多。

涂国勇：各位领导，大家下午好！非常高兴今天有机会跟大家交流，我来自华侨城集团。上午刚刚公布的旅游集团20强名单中，华侨城集团位列第六名。2016年是华侨城集团的转型之年，大家可能在媒体上看到很多相关内容。简单来讲，华侨城集团今年的战略转型，是由原来的"旅游+地产"转为"文化+旅游+城镇化"。在这个战略转型的前提下，我们又进行战略性的市场卡位，跟云南省、四川省和深圳市做了很多市场卡位，"十三五"期间要再建6~7个华侨城，我们还有100多个小镇的建设计划，正在大规模地推进。今天上午听了各位领导的发言，包括下午谈的一些技术方面的操作，让我收获很多。现在华侨城身处研究与推进大数据和智慧旅游的建设过程中，有很多难处，虽然我们自己内部取得了一些小的进步，但改革之路还很漫长。

李仲广：刚才各位老总对所在企业过去一年的发展成就做了简单介绍，上午发布的时候看到各位老总所在的企业都是20强集团，在这里也要祝贺大家。2016年旅游集团发展侧重于资本重组和大数据科技，想问下各位老总，对于这两点大家有什么看法？

涂国勇：我觉得今天收获很大，谈到大数据，我们现在处于痛苦的前进当中。从我们自己的景区运营中感受到大数据对业主的重要性是毋庸置疑的，今天整个会议，还有大数据报告，这个报告我觉得非常客观，而且很系统、很全面。报告客观地分析了当前企业所面对的实际情况，指出绝大多数企业在大数据应用方面还处于认知和探索阶段，我觉得这一点很切合实际，我们景区基本上就是这个状态。

我觉得这个报告中还有两条也讲得非常好，针对政府和企业以及公共部门的大数据集合方面，我们现在迫切地希望得到更多支持，我们现在很缺脱敏数据，为什么这样说呢？我们景区自己积累了很多数据，同时也容纳了很多空间数据，但是这些数据对景区来说，甚至对整个旅游集团来说，都存在一定的大数据孤岛现象，我们急需丰富这些数据，急需来自政府，尤其是移动通信端的数据。中国电信的专家刚才也讲得特别好，如果仅仅依靠一个集团的内部数据，大数据的用处就很小，价值很有限，必须要丰富它，我们必须要靠第三方数据来佐证它，形成一个关联，才可能生成消费轨迹的数据，这样对我们的决策才有好处，但是我们现在的数据还不够。

我曾经跟中国移动的朋友专门了解过，也跟他们的专家探讨过，他们说有很多数据都属于个人隐私，很难共享，后来我们跟公安局也联系过，公安局的数据是最全的，他们有所有酒店住宿客人的信息，有很精准的身份证号码，但这些数据公安局不给企业。企业要什么数据呢？作为景区或者旅游集团来说，我们需要的是统计数据，并不需要哪一个客人的隐私性数据，那些信息对企业没什么用，比如在目的地区域范围内，1月、2月或者连续一段时间内用户来源于哪里，来自什么地方的用户一直在增长；或者哪个地方的市场一直在下降。比如广东韶关到深圳来的客户不停地在增长，就说明那个地方的市场对我们来说至关重要。

但对于景区而言，想获得这些数据非常困难，因为我们的数据非常有限，而且没有关联度，所以旅游集团大数据报告和这次会议，我听得特别仔细，我们需要全行业、政府和全社会的推动，尤其是移动通信端，这几方的数据如果关联起来，整个旅游集团的数据决策能力一定会大大提高，旅游集团决策能力提高了，我想中国的旅游强国之路也就近了，谢谢。

李仲广：谢谢涂总，下面请岭南集团的李总来谈一谈大数据应用方面的情况。

李峰：我非常赞同涂总的意见，今天参加这个会议我们也很有收获，刚才涂总说他们在大数据应用方面处于探索当中，岭南集团也正在应用过程中不断地去学习提升。今天我觉得有两点收获颇深：

一是大数据是旅游集团创新和变革的动力源泉。现在很多大数据应用，包括对大数据的分析，对市场营销的应用，特别是客户需求分析带来的变化，包括刚才景域集团洪总的分析，还有今年的大数据报告里介绍的对客户需求碎片化产品的分析，等等，都成了我们在整个创新变革中的机会，所以我觉得这个体会比较深。

二是今天上午戴院长在发言中讲到的，大数据最重要的是应用，关键要有分析团队和参谋团队，因为数据不是目的，只是手段，关键是应用，目前在数据的应用过程中，还有很大的提升空间，所以我觉得这个体会也比较深。

李仲广：请陆总从商贸的角度来谈一谈这个问题。

陆晓亮：这两天有幸看到旅游大数据报告，总体感觉我们到了信息化的时代，作为传统企业我们在某种程度上还在使用常规武器。我个人是比较悲观的，我刚才在想，大数据是未来大集团的生存基础，将来的企业无论是小企业，还是大企业，都应该是由数据支撑的。有些企业，比如阿里巴巴、海航等，已经走在了前面。集团要是没有转型到以大数据支撑大需求，我个人不看好，包括对我们企业。

扪心自问，我们的企业什么时候把数据当成了生命？像我们这样的集团，数据几乎没有，这就是我们现在面临的困境，这个当然需要改变。刚才戴斌院长说门外的野蛮人，我在想今天的旅游集团20强，可能门外比我们强的还有，比如阿里如果能分出一个旅游集团，BAT转型做了旅游，规模都非常大。对于未来的大数据，我这两天看了以后确实有很多想法，但是还不成熟。

李仲广：谢谢陆总的分享。王总，关于大数据，同程应该深有体会，请您分享一下对这个问题的看法。

王专：非常感谢李所长。我这次来有一个非常深刻的体会，就是机构，什么意思呢？我注意到有两个机构成立了，一个是广州成立了大数据局，我觉得从地方政府的角度，不管是放在经信委下面还是放在发改委下面，成立大数据局本身就是一个极其巨大的突破，这是地方政府层面的。另一个更高的层面是在中央部委层面，国家旅游局成立了数据中心，很多省、市旅游局、旅发委也在成立自己的大数据部门，这一点也是非常令人震撼的，地方政府和国家的相关部门都成立了数据相关的机构，这本身就是一件石破天惊的事情。

今天的网络已经非常发达，但网信办这样一个部级单位才成立了三四年的时间，1995年互联网开始大规模地发展，我非常深刻的一个感触就是，当我们的地方政府和部委都有了相关的数据管理机构之后，我们去谈大数据，说它是生命也好，说它是宗教也好，都远远不能概括它的意义，它应该是血液，是灵魂，这是我今天比较深刻的感受。当我们的政府部门已经成立了这么多数据机构之后，从走在大数据前面的企业角度来看，应该回过头来看自己是否把所有的血液、所有的灵魂、所有的时间和精力都放在了大数据身上。

李仲广：谢谢王总的分享。对于大数据的影响，大家今天提到的这些都是正面的看法，我们在做这个主题的报告时也听到很多不同的声音，很多业界并不认同大数据是旅游集团发展的一个根本方向，有观点认为集团业务中，传统要素，特别资本、土地、资源才是更重要的，这也是目前很主流的一个看法。对于这一问题，大家如何看？在集团下一步的发展中应该如何对待大数据？

陆晓亮：看了这个报告后，我有一个问题想向李博士请教，如果我们把大数据看作和资本、土地、人力资源一样的资源的话，像我们这样的集团公司，不管是民营的还是国有的，当我们把集团所有的大数据统一起来，把数据当作自己财产的时候，是否侵犯了其他企业的财产权？这个法律问题我想请教一下。

李仲广：大数据是集团的一个基础，集团各部门的协同，集团规模的扩大，需要依靠信息化、依靠大数据。2009年，旅游集团可能两三百亿元就能够排到20强的第一、第二位，现在旅游集团入门门槛也要100亿元以上。集团规模在迅速扩大，对数据和信息化手段的依赖也在增加，这些都在推动集团的成长。关于您提到的这个问题，看看其他嘉宾有没有好的回答。王总，您怎么看这个问题？

王专：作为一个企业的负责人，如果从自己掌握的大数据中发现了方向，应该立刻调动所有的资源，不管这个大数据的规模有多大。以我们今年掌握的数据为例，我们从数据中发现了老年旅游的重要性，于是我们把公司几乎所有的资源全部调动到这上面，到明年这个时候可能会有一些数据出来。我觉得企业的领导者拿到数据之后是否会调动整个企业的资源全力以赴是大数据应用的核心。

李仲广：数据在企业使用体系里面有它的权限，这也是在数据应用当中碰到的一个问题，刚才陆总提到的这个问题也是，数据应用在相关单位的关系，用户的数据，用户在景区里面的消费行为，如果涉及用户隐私的话如何处理，数据使用伦理是一个很重要的问题，这是我们需要注意的。我觉得技术这个问题得到重视之后，数据技术和数据伦理应该是同等重要的问题，对于这个问题李总有没有什么想法，您认为在大数据使用中有哪些是需要注意的？

李峰：从发展方向看，构建大数据，对于企业来说是很艰难的过程，因为要构建一个大数据体系，需要更多的开放平台跟我们有更多的互动，在这个过程当中内部也存在大数据应用或者管理体系问题，这个也是我们目前要突破的一个瓶颈，所以我觉得对大数据来说，整体的发展和具体的构建中间还有一定的差距。

李仲广：谢谢李总，对于大数据使用中存在的问题，涂总您怎么看？

涂国勇：李博士给我们抛出了第一个问题，我相信在座的每一个人都特别关注。针对大数据我们要做什么？我们接下来要做什么？其实就是我们现在每天在做的事，我们有一个小组专门做用户画像，天天在勾勒用户画像，在勾勒的过程中自然而然就会出现一系列问题，就是刚才李总说的，有价值的数据源在哪儿？对华侨城这种典型的传统景区来说，我们认为将真正有价值的信息源变为数据源才是至关重要的。

第二是平台，是自己开发平台还是跟别人合作，或是委托别人开发，这里面涉及很多问题，如知识产权、信任体系、开发过程中的更新换代和个人问题等。

第三是我们现在还面临着人才问题，我们发现目前最缺的人才是商业分析师，也是谷歌和微软目前特别看中的人才，年薪很高，可是他们原来的企业文化与管理方式和我们不一样，我们曾经引进过这种人才，进来之后留不住他们，他们来这里工作不久，也不愿意待，那就意味着我们在推行大数据过程中可能有很多的来回往复，有很多的磕磕碰碰，小到知识产权、人才，大到整体架构。

刚才李博士也提到，对于所有企业来说，也会意识到这个问题，大数据的投资回收比较慢，模式不清晰，不如资本来得快，不如市场宣传来得快，这种隐藏的长时间的投资回报，很多公司，包括我们在内，有时候在大数据推进的过程中，知道方向很清晰，前途很光明，但是做的过程比较痛苦，所以我们还是要坚定信心。旅游研究院发布的大数据报告确实能起到很多引导作用。

我倡议无论是旅游协会还是旅游研究院，可以牵个头，或者其他组织，自愿去每个旅游集团寻访，看看大家的大数据做得怎么样，我们只讲正能量，只要某一个方面做得好就可以树标杆，20个集团，如果每一个集团贡献一个标杆，那就有20个标杆，哪个旅游集团制度做得很好，哪个平台做得很好，哪个激励和人才管理做得很好，哪个技术框架做得很好，哪个用户画像做得很好，哪个第三方的机构合作数据接口做得很好，等等，我相信每个集团都有它的长处，大家互相学习，你追我赶，我相信大数据对于我们的经营决策以及产品创新一定能够发挥非常大的作用。

不管是旅游协会还是旅游研究院牵头，我第一个报名参加，这是我个人的倡议，不只是我们20强旅游集团，还有其他非20强的企业，共同推进大数据进程,大数据这辆汽车才能开得起来,每个人贡献一个零件,贡献一个发动机,贡献一个轮胎,我相信大数据应用一定会大踏步地往前走,谢谢。

李仲广:谢谢涂总,涂总来自景区,作为景区领域的标杆企业的管理者,您对科技应用如此重视,刚才有一个这么好的倡议,我们听完之后很受感动,非常感谢您刚才提的这个倡议。我们每年召开集团年会,同时20强集团就各领域新的业态来发言、研讨,就是通过一次集中会议来展示各企业的发展成果,现场考察也是一个很好的方法。我想接着追问一个问题,从您这一年的接触来看,有没有一些好的案例企业,当然上午这么多演讲嘉宾的企业都是非常好的案例,除此之外,您有没有一些其他方面的好的案例?

涂国勇:如果说有案例的话,我们现在做的一件事情有两个方面可以跟大家分享。第一件要分享的事是,华侨城集团自设立了智慧华侨城门户网站(www.smartoct.com),囊括东西南北华侨城、欢乐谷项目,包括酒店、门票预订等,我们利用不到两年的时间积累了五六百万用户的数据,我们跟OTA企业合作,推出的几款新产品,就是大数据分析出来的,大数据认为这部分游客比较习惯跟哪个酒店捆绑,我们就推出捆绑的套餐,后来发现这种套餐很畅销。大数据有它的直接效益,当然我们现在推出的量还比较保守,不敢推得太多,这是第一件跟大家分享的。

第二件要分享的事是,我们把影像和智能化景区的内容,跟大数据内容融为一体,我们正在做试验,检测车辆的来源,一旦设计出来之后,就能够知道这些车子到底从哪来的,比重有多高,就能够辨别出珠江三角洲、国内其他城市开车到旅游度假区来的人群是什么样的结构,每个月分析比较一下,连续分析就会知道哪个区域在下降,哪个区域在上涨,这对营销非常有帮助,下降的区域可能需要采取一些措施。同时,这种结合也有利于我们的日常管理精细化,针对车辆进出,外地牌照,来自哪里,包括他们开车的一些习惯,我们都会有记录,我觉得这方面可以跟大家分享一下,但是我们还在试验当中。

今天很多嘉宾的发言,比如中国电信的梁总、携程的孙总等,他们讲的这些内容,会后我要好好消化一下,有些问题可能还要再请教他们。总体来说,今天这个会给大家抛了一块很大的砖,一次性给大家推出来一筐水果,从我个人的角度,可能要逐个查看,要理解,要触类旁通,开会只起到接触和交流的作用,最重要的是回去消化,回去要深刻理解它,结合景区的业务分析哪一部分是可以消化的,或者分哪几个步骤来消化,谢谢大家。

李仲广：谢谢涂总，李总这边呢？

李峰：我觉得从岭南的角度，可以分享一下我们在去年广之旅推出的"一起行"智慧旅游服务平台，基于大数据和客户需求的分析，取得了比较明显的效果。投入一年多以来，线上收益增长了16%，服务人群达到1600多万，我们也在传统组团业务基础上，针对市场的碎片化需求提供新产品，获得了新的发展机会，从初步尝试来看，大数据对我们有很大帮助。

今天这个会议，我收获很多，像刚才涂总所说的，很多的内容还需要去消化，但是整体来讲对我们的视野和大数据应用有很多新的启发。

李仲广：谢谢李总。下面请王总分享一下您的观点。

王专：2016年很多互联网公司提到互联网进入了下半场，其实从去年8月我们内部的大数据平台就已经呈现出这一趋势，它的增长远远没有达到我们的预期，我们组织了专门的团队进行分析，我们没有提出下半场这个词，但很清晰地得出一个结论：移动互联网的风停歇了很多。在这种情况下我们这样一家互联网公司该何去何从？随着去年九十月美团与大众点评的合并，携程与去哪儿的合并，等等，我们结合自己掌握的数据，进一步做了总结，在去年西双版纳会议期间，我们做出了线上线下相结合这么一个结论，现在一年过去了，我们非常感谢当时从8月看到的这个数据，九十月行业本身的变化，再加上12月受到的各种激荡，做出的一个结论，现在刚好一年过去了。

我想每一家企业、每一个机构内部不管搭建了什么样的框架，它实际上是一个伪数据，这些数据我们姑且把它称为大数据，如果利用这些数据，企业或机构至少需要提前一年进行谋篇和布局，所以我们特别感谢中国旅游研究院和中国旅游协会搭建了这么一个平台，我们非常珍惜。我们也有一些非常好的想法，希望能够在明年的时候再跟大家做汇报。今天中午跟我们的创始人团队开会，也形成了一些共识，希望能够在明年有更好的成绩。一句话做下总结，大数据呈现的东西至少要有一年以上的谋篇和布局，它才会有更好的效果。

李仲广：王总一直都关注我们的会议，感谢王总。陆总这边怎么看？

陆晓亮：感谢中国旅游研究院、感谢中国旅游协会，搭建了这么好的平台。我就说两个字：希望。杭州商贸旅游集团，我们这个企业还比较保守，我们一直在杭州，几乎没怎么出来过，最多在浙江，省外从来没投资过，所以还是比较保守的。

2016年有两件事情我印象比较深，跟大家分享一下。

第一件事情是刚才说的G20在杭州举行,我们集团倾全力做了9月4日晚上《最忆是杭州》的文艺演出,这场演出还是比较轰动的,整个演出涵盖了合唱、交响乐、舞蹈等。演出当晚我在现场,总书记看了以后赞不绝口,第二天20国元首都在赞美这场演出。10月1日到11月10日,我们又恢复了这场演出,演了40天,演出场所外面黄牛遍布,每张票炒得很高。这件事情让我有一个感悟,一件事情你只要尽全力把它做好,再传统的东西也是有生命力的。

第二件事情是前段时间我们去参观了阿里巴巴对未来酒店的实验,从客人入住开始到最后打印发票离店,他们对所有的流程进行重构,依托黑科技,打造未来酒店。这是他们的梦想,如果做成了,可能我们就完了,所以我想变革是永远的。非常感谢《大数据与集团成长》这本报告,给予我非常多的启发。

李仲广:感谢陆总这几个案例的分享,印象非常深刻,典型的案例。刚才各位老总对大数据对集团的影响总体持肯定的态度,这方面有一定的共识。大数据对旅游集团竞争格局的影响,大家提出这样一个命题,今年我们做旅游集团20强调查的时候,其实还有一批集团的营收也是超过100亿元的,这些集团可能基于各方面原因的考虑,没有加入。如果说这些企业参与进来,20强集团的格局就会发生一些变化。刚才大家对大数据,特别是大数据驱动对旅游集团的影响,已经形成了一些共识,相信随着政府、社会、企业对大数据挖掘、应用的不断深入,大数据对旅游产业发展、对旅游集团成长将会发挥更大的作用。非常感谢各位嘉宾参与这场研讨。

谢谢大家!

圆桌论坛二　大数据与旅行服务

主持人：中国旅游研究院产业所　吴丽云博士
嘉　宾：途牛旅游网副总裁　葛宇菁
　　　　金棕榈企业机构董事长兼 CEO　潘皓波
　　　　链景科技有限公司 CEO　陶铭
　　　　平安银行医疗健康文化旅游金融事业部副总裁　王迪

吴丽云： 各位嘉宾下午好。上一场论坛的嘉宾是传统旅游集团和新兴旅游集团的融合，我们这一场的嘉宾是非常有代表性的，都是新业态的代表，代表了三种不同类型的企业，有像途牛网这样的 OTA 企业中的佼佼者，有金棕榈和链景这样的第三方服务机构，也有平安银行这样的跨行业经营者，同时也是新业态融合的代表。各位嘉宾所在的企业在大数据应用方面已经有了一些非常好的经验，也做了很多探索，所以我想首先请各位分享一下在大数据应用方面的经验。

首先想问一下途牛的葛总，途牛旅游网是在线旅游企业中的佼佼者，在在线旅游和休闲度假方面都做出了非常好的业绩，作为出身于互联网的一家公司，我想途牛本身就是生于大数据的，在大数据应用方面有什么经验，请葛总和我们分享一下。

葛宇菁： 首先感谢吴博士，感谢主持人。很高兴回答这个问题，因为途牛旅游网发展到今天已经十周年了，我们第三季度的季报刚刚发布，旅游产品总交易额是 71 亿元，同比增长 56%，仍然保持着超高速的增长。

今天谈的主题是大数据，首先说我们有什么大数据，跟大家分享一下，我们大概有三类大数据。第一类是我们的交易数据，就是有多少旅游者买了什么样的产品，这一部分大数据主要用来做经营决策。比如说通过我们的大数据发现有三类产品现在发展得比较快，一是亲子游，二是爸妈游，三是蜜月游。为此我们做出决策成立了一个婚庆部，把最具优势的目的地，比如说马尔代夫，包了一个岛，把它变成蜜月游的必游之地，情侣们去干什么呢？主要是去拍婚纱照，这成为我们业务的一个新增长点，所以这一部分的大数据是用来做商业决策的。

第二类数据是供应商数据，我们大概有1.6万家供应商，这个数据还在不断地增加，不断地变动中，这1.6万家供应商既包括旅行社、酒店，也包括各类OTA，今天来了很多的友商，也来了很多的朋友，都是我们的供应商。供应商跟我们的交易数据拿到以后有什么作用呢？主要用来支持我们的供应链金融，因为我们还有一部分重要的业务是金融板块，过去的十年途牛主要完成的是互联网＋旅游，未来的十年可能会做互联网＋旅游＋金融，有了这些数据以后就可以大胆地把钱借给供应商，我们知道很多中小旅行社从银行是贷不到钱的，旅行社属于轻资产公司，没有什么固定资产，在银行那儿很难贷到款，但是跟我们合作以后，靠大数据分析我们就敢把钱贷给他。这是第二部分的大数据应用。

第三类的数据非常敏感，就是旅游者的个人数据。比如说旅游者通过途牛办理签证，基本上个人的基本信息我们就知道了，可能有些数据比银行知道的还准，所以签证的大数据很重要。途牛旅游网是中国互联网金融协会的理事单位，前段时间互联网金融协会的秘书长也找我们谈，他们要做一个征信的大数据，希望途牛能够加入。他们有很多银行的数据，拿途牛数据的价值在于把金融数据和旅游数据进行对比，更好地勾勒消费者的画像。大数据业务对途牛来说仍然在探索之中，更多的我们还是保存在公司的内部，因为很多数据非常敏感，不脱敏使用的话会造成很大的风险，作为上市公司我们对此是非常审慎的。

吴丽云：对于大数据开发来说，可能大部分企业都还处于探索阶段。途牛在运用大数据进行商业决策、产品开发方面已经进行了非常好的探索，也取得了非常好的效果，途牛的做法我想一定能给在座的企业家很多启示，谢谢葛总的分享。

接下来想问一下金棕榈的潘总，金棕榈是和大数据密不可分的，金棕榈一直深耕于旅行社市场，同时也是一个非常专业的第三方服务机构。在推动旅行社的智慧化发展方面，金棕榈做了非常多的工作，也累计了大量的旅行社运营、管理、交易的数据。那么金棕榈是如何开发和利用大数据的，请潘总跟我们分享一下。

潘皓波：在在线旅游企业当中，金棕榈应该是时间最长的，从1992年成立到现在，24年长期致力于第三方，我们不做旅游业务，包括订房订票，但是我们致力于旅游服务的流程再造，我们在2001—2003年把这个理论引入了中国旅行服务业，这几年我们把在线互联网品牌大数据引入了旅行服务业，我们致力于智慧旅行服务OTS，跟OTA相对应，因为未来还是服务创造价值。

金棕榈有158名员工，一半是工程师，其中有30位是数据工程师或数据分析师，刚才易观、科大讯飞还有各位嘉宾讲到的旅游前、旅游中、旅游后这些数据，金棕榈这几年一直在做，因为我们提供全产业链的大数据服务，从数据的采集、设计包括存储、加密、脱敏、挖掘、清洗到数据的模型和可视化，我们主要是2G和2B的，就是刚才腾讯所说将来给政府2G的、给旅行社2B的，现在有8000多家旅行社为我们采集数据，有2000多家旅行社使用我们的平台，还有一些景区景点和地市旅游局与我们合作，包括四川、宁夏、上海等，都是我们的大数据服务对象。紧急救援、海啸、地震，我们都会在第一时间做出应急反应，知道哪里有团队、有多少人。

做大数据的预测分析是在2010年上海世博会，世博会期间的184天，我们都会在前一天的四点半预告第二天进入世博园的人数。10月16日，我们预测出第二天最多的人数要达到96万人，当时人们都不相信，因为平时都是50多万人、60多万人，但这个预测还是得到了浦东新区和黄浦区、卢湾区警方的高度重视，他们派出全部的警力，事实上10月16日那天到达世博园的人数是106万。还有一个数据，在巴黎暴恐的时候，我们9点半查询到的数据是1299名中国游客在巴黎，但是通过我们的模型算出大致有6000多名中国游客在法国巴黎，事实上到了晚上7点钟新闻报道的时候，大概是6200多名中国游客。

大数据有实实在在的价值，需要有专业的人去做，刚才讲到企业有大数据，但是大数据需要相关性分析，要交融，我们拿行业数据跟其他的行业合作，比如保险，我们跟34家保险公司合作，获得了保险信息，和旅游信息进行交融。事实上金棕榈在提供行业大数据中主要有三样东西，一是提供平台，二是提供数学模型，三是做数据可视化。大数据在中国的应用最直观的就是让数据说话，我们现在为很多旅行社和旅游局提供了大数据的可视化服务，一是84寸墙上的大数据，像在国家旅游局监管司就有这样的一个大数据，包括上海虹桥机场二号航站楼有一个84寸的墙上旅游大数据可视化。二是口袋大数据，就是用iPad

或者手机就可以看到大数据,所以大数据今后就像互联网一样会有普惠的应用。

我个人的信念是互联网中最容易成功的就是旅游行业,携程、去哪儿还有途牛都是典型的例子。未来大数据技术最容易成功的,就是旅游旅行服务,正是因为这样,上海被国务院批准为第二批大数据发展战略基地,上海金棕榈也得益于上海大数据联盟的副理事单位这一地位,获得了很好的发展机遇。

吴丽云: 谢谢潘总。刚才潘总和我们分享了如何利用企业内部数据加上外部关联企业数据,以及一些公共数据,不仅可以为企业服务,同时也可以为政府的公共管理、公共服务提供相应的支持,这也是大数据应用非常重要的一个方向。

如果说潘总所在的金棕榈主要服务于旅行社,同时也服务于政府,链景的陶总深耕的则是智能导游这个市场,作为一家从传统旅行社转型而来的技术性企业,链景在大数据应用方面做了哪些工作?

陶铭: 大家好,我先做一个自我介绍,我是链景旅行社的创始人陶铭,我转型做旅游行业大概只有两年的时间,我们做了一些什么样的事情呢?我们通过互联网的人工智能来解决在旅行过程中的服务问题,在旅游的过程中,导游服务是很难标准化的,我们通过互联网把它拆分成三个环节,一是景点讲解;二是景区内的地图导览,比方说找商场、找厕所这样的功能;三是外语翻译,中国人到国外旅游需要外语翻译这样一个功能,我们通过人工智能的方式解决在旅行过程中导游服务的问题。

大数据对我们有非常重要的作用,就做智能导游讲解而言,我们不是第一家,前面有很多公司都在做,但是都没有做起来。我们发现一个非常重要的数据,这个数据就是97%以上的人其实没有去旅行之前就已经听到了这个讲解,这个数据非常好,所以在整个APP的设计和运营过程中,我们把用户在没有去旅游前的数据,作为运营的依据,所以我们这家企业活了下来,并且现在把景点讲解的内容对接给了去哪儿、高德地图、12580等企业,它们都接受了。

吴丽云: 谢谢陶总。链景的出现解决了传统景区的一些痛点,以前大家经常说看景不如听景,链景让游客在看景的同时又能听景,增强了游客对于景区的体验和认知。

接下来我想问一下来自平安的王迪总裁,看到王总坐在这儿的时候,我想对于很多在座的企业家来说应该既是一件非常开心的事,同时也可能是一件非常忧虑的事,为什么这样说?当越来越多的外来者开始进入这个行业,在增强了这个行业的活力的同时，也会给原有企业带来竞争压力。平安银行是一个金融机构，金融是当下的一个热点，全球最大的旅游集团美国运通就是以金融起家的，今天上午张学武董事长也提到未来中国旅游集团也要去拓展金融业务，刚才葛总也提到途牛未来会涉足金融业务。旅游企业开始向金融领域拓展，王总所在的金融机构则成立了医疗健康文化金融旅游事业部，向旅游领域拓展。在这种融合发展中，平安银行在利用原有的金融数据去拓展旅游业务方面，在大数据利用方面有哪些经验可以跟大家分享？

王迪：谢谢主持人，也感谢旅游研究院戴斌院长给我们提供了这样一个机会。银行一直以来都是大数据的拥有者和使用者，对于个人客户来说，只要账户在银行，那个人的金融资产，信用卡消费情况，银行是全部掌握的。对于平安银行来说也是一样的，只要跟银行有信贷往来，那消费者或企业所有的财务信息，历年的财务资料在银行的系统中都会保存下来，它本身就是大数据，是非常重要的数据资源。传统的银行体制下，这些大数据资源的使用并不是很充分，并不能够使客户在银行集中的一些大数据更好地发挥出作用。

平安银行成立医疗健康文化旅游金融事业部，主要从两个方面为客户提供服务：第一个方面是传统的信贷业务，在传统的银行体制下，信贷业务的标准一定是总行来制定，总行制定的信贷标准是放之四海而皆准的，但是对于我们的企业来说，对于我们的客户来说，很多时候是贷不到款的，在银行贷款其实是很难的。

对于旅游企业来说，可能面临这样的问题，要从传统的商业银行取得贷款很难，为什么呢？因为传统的银行体制下，没有人会针对这个行业进行深入研究，使用的是一个放之四海而皆准的授信标准，就是强抵押、强担保，符合条件来贷款，可以贷到，如果不符合条件可能就被拒之门外了。审批贷款条件时并不会看这个行业未来发展的趋势，也不会看企业是不是有真正的核心竞争力，到最后变成了一个结果，大家都说商业银行永远是雨天收伞，晴天送伞，只愿做锦上添花，不愿雪中送炭，其实这是传统银行的体制弊端造成的。

平安银行新成立的这个专业化的事业部，就是要通过数据分析，对行业、对客户进行深入研究，制定有针对性的审批标准，这样在审批信用贷款和审批信贷业务的时候，基于我们对行业的了解，对发展趋势的了解，对客户的了解，能够使我们的信贷业务审批效率更高，灵活度更强。这也是通过大数据的运用，通过对这个行业的深入分析，能够发挥的第一个作用，是对传统授信审批标准的灵活把握。

第二个方面是集合企业的大数据信息之后，我们可以在全国各地甚至全球范围内帮助客户整合资源。对于企业客户来说，传统的商业银行只负责提供简单的资金服务，但商业银行对于客户的很多信息以及业务发展的情况是非常清楚的，我们可以把所有信息集合到一起，帮助客户做生意。我们知道这个用户有一块很好的地，景色非常好，他需要有规划、策划、运营、投资和管理等相关服务，他没有优质的资源，但我们身边有很多专业的投资人和管理机构，就可以把这些资源整合到一起，通过大数据的分析更有效地整合这些资源，而不是简简单单地把大家拉到一起去谈，其实在把大家集中到一起之前已经有了充分的大数据分析，认为这样两个合作伙伴在一起会更合适，我们帮助客户更好地发展业务，我们的金融服务随之而来就水到渠成了。这是我们大数据运用的第二个方面，帮助我们的客户在更大范围内整合资源，帮助我们的客户发展业务，同时我们也和客户一起成长、共同发展。

吴丽云：谢谢王总。平安银行成立这样一个事业部主要是针对传统银行在信贷过程中的一个痛点，只提供标准化的信贷产品，不能提供针对性、个性化的信贷产品，所以平安银行成立了这样一个事业部，通过数据挖掘可以更有针对性地为旅游类企业服务。

刚才四位嘉宾分享了各自所在企业在大数据应用方面的一些探索和经验。大数据的兴起时间并不长，很多企业也在探索和应用过程中，大家可能在应用的过程中会慢慢触摸到、感受到一些问题或者是痛点，所以接下来我想从问题的角度来请教几位嘉宾。

这两年无论是政府还是企业，都把大数据作为一个热点，国家"十三五"规划也把大数据战略放进去了。刚才大家在研讨的时候也提到，目前大数据的应用更多是一个探索，真正充分地应用还需要有一个过程，大数据将来的应用市场很大、潜力很大，但是如何把它价值化，目前还有一定的难度。我想问下葛总，从途牛的大数据应用经历看，在大数据应用中，还存在哪些问题，未来还有哪些可以努力的方向？

葛宇菁：我觉得有两个方面还需要去探讨和解决。第一，数据不能共享，每一个企业手里拿的都是自己的数据。途牛经过十年的发展，积累了十年的有效数据，如果说谁找途牛要，途牛也不一定给，银行也是一样，我们找银行要数据，银行也不一定给。依靠自我积累数据是需要时间的，如果数据可以共享,就可以做很多事情,但数据共享中有一个数据安全的问题,比如说我们的数据有很多旅游者的身份证信息、联系信息、资产信息等,如果给一个第三方公司,我们会很担心,害怕它会乱用,比如说把它卖掉,我们上市公司对这一点管得很严。所以能否创造一种模式进行数据分享,我觉得这是大数据首要的前提。

现在很多协会或者政府部门也在做这样的工作,比如说贵阳市委书记允许民众去访问政府部门的数据,当然这只是一个城市在这样做。另外,互联网金融协会也想做数据共享,当时他们的构想是按照提供数据数量的多少来得到回报,提供多大体量的数据,就可以获得多少回报,但这样可能会出现假数据,最后这个数据完全没用了。所以现阶段以什么样的模式,是以政府的方式,或者是以协会的方式,来做一个大家真正能共享的数据库,我觉得这个是最有必要的,大数据应用必须有资源,巧妇难为无米之炊,没有大数据我们再怎么应用也应用不了。

第二,政府说的大数据产业可能跟企业说的大数据产业差别还是很大的,企业要的是能够指导经营或指导未来的,所以在政府和企业的互动方面,政府可以引领更多一点,或者说在大数据应用方面政府需要发挥更多的实实在在的作用。

吴丽云:谢谢葛总。大数据的共享确实是当前数据应用和开发的一个痛点。美国在大数据应用方面是走在最前面的国家,从奥巴马上任以来一直在积极地推动政府和企业的大数据共享,到目前为止在他们网站上出现的国家和城市有170多个。在大数据的共享方面,还有一条相对漫长的路要走,但是我们已经看到开始有突破,包括贵阳成立大数据交易中心,用行政的命令推动政府数据的公开化,已经在做积极的探索,相信未来会有更多的政府部门、城市和企业加入大数据的共享中来。

一听到OTA,传统旅行社前几年的直观反应是狼来了,但现在不仅是互联网化,大数据也来了。马云今年在清华大学演讲,他说未来30年90%以上的企业都不得不数据化,未来30年数据将成为最强大的能源。接下来我想问一下潘总,对于大数据的未来应用和传统旅行社企业的发展,您怎样看?

潘皓波:刚才葛总提到一个问题,大数据一定要是开放的、互融的,像金棕榈集团下面的棕榈电脑公司,是做大数据和平台的,我们做大数据分析的是旅游大数据研究院,他们所接触到的所有数据实际上都是脱敏的,是没有任何隐私的，所以我们的数据是可以开放的，在座各位包括政府或者企业，如果需要金棕榈的大数据，金棕榈都可以开放，因为我们已经开放给复旦大学和交通大学所倡导的上海大数据试验场，开放给上海的超级计算中心，数据只要不涉及个人隐私，不涉及企业商业机密，不涉及国家安全，就可以开放出来帮助大家了解整个行业的动态。

大数据要找到刚需和高频，今年大家总结了企业的并购和发展，但是在线旅游OTA也倒了一大批，为什么？一是它本质上并没有在做商业，因为它没有创造价值；二是它做了一个伪需求，是没有高频和刚需的，做旅游平台和做旅游大数据必须找到它的刚需和高频。比如说我们推行的电子合同，每家旅行社、每个门店都需要，现在有2000多家旅行社、1万多个门店，每天都会用；我们做的导游平台，旅行社找导游，在成都250个旅行社找12 000个导游，一天就会成交800多个订单，最高峰的时候做到1000单，这个是刚需、高频，这样做平台采集到的大数据就可以持续。

关于传统旅行社如何面对大数据的挑战，事实上我觉得机会来了。过去的15年是渠道端的互联网或者移动互联网，未来的15年是供给侧和服务端的互联网、移动互联网甚至大数据，我认为借助大数据的弯道超车，传统的旅行社、酒店都会有一个很大的发展机会。旅游可以分为三大市场，旅游前市场、旅游中市场和旅游后市场，旅游前市场是食、住、行、游、购、娱，是生产领域的，它是供给侧，这一端的大数据我们要做的是市场监测和预测。旅游中市场是OTA和OTS，OTA是做订房订票，标准产品的规模化营销，而OTS是针对个性化人群、个性化社群定制的旅游，他们需要大数据的精准营销，所以我们提供用户画像。最后还有一个巨大的市场，旅游后市场，就像汽车行业这几年发展最快的是汽车后市场，因为汽车前市场是汽车制造商，汽车中市场是4S店，汽车后市场有很多，旅游后市场也有很多，现在有1.17亿的人出境旅游，在退税、免税方面的优惠，境外的紧急救援以及在线的投诉、点评和理赔，在这些领域目前都没有为他们提供很好的服务，这个市场是巨大的，所以我们应该把大数据与每一个提供旅游后市场服务的企业进行对接，这样我们旅游市场的繁荣又将深入到一个更高的层面。

未来的15年只要做出有特色的服务，每一家企业都可以找到自己的市场，我们现在错误的是没有用市场的概念去做自己，永远是别人做什么我做什么，那么企业就一定会失败。一个企业的成败就看它的董事长、总裁、CEO，或者看它的董事会，有没有思想，梁建章就特别有思想，他虽然是模仿和学习，但今天的携程已经是独一无二的。在一个新时代正在到来，大数据技术越来越普惠的时候，我们应该用新思想、新思维、新模式发展新的市场，从而找到自己新的空间，这就是一片蓝海，大家都一样。

吴丽云：谢谢潘总。我们这个行业特别需要潘总这样的企业家，愿意把金棕榈的数据共享，我想未来一定会有越来越多的企业家像潘总一样愿意把脱敏后的数据拿出来共享，这对于我们整个行业发展的推动将会非常大。

陶总，从景区服务和导游讲解方面，您觉得大数据应用还有哪些需要提升的方面？

陶铭：我们是做景区服务的一家公司，而且是用人工智能的方式解决服务的问题，在这里面做一个大胆的预测，景点讲解在未来会成为旅游行业消费决策的源头，为什么呢？最近半年各家旅游行业的APP基本都有一个板块叫目的地，大家会发现这个数据很好，刚开始我们把这个内容只放到喜马拉雅APP上，只上传了6000个景点的内容，没有做任何运营，它的点击量和使用频率在旅游板块当中排名第一，在攻略的板块中，刚开始是放到三级页面，现在把它放到一级页面上，我们觉得在未来1~2年里景点讲解将成为各家APP板块中一个非常重要的内容。

我们发现导游讲解内容的应用场景在两个地方：一是没有去景区之前。有一次我作为一个游客到迪拜旅游，一位外国司机问我为什么中国人到他们国家来都是上车睡觉、景点拍照，回家一问什么都不知道，外国人给我们中国人贴了这样一个标签。作为一名游客我特别希望去伊拉克、阿富汗、美国白宫旅游，但是可能去不了，那我就上网听一段。二是在旅行过程中坐车的时候，很长一段时间在车上，而真正到景区里面了，大家更喜欢拍照，而不是听讲解，所以我们把景点讲解的应用放到APP里面去，更多的是在旅行之前或者在旅行中坐车的时候来了解这些内容。

一个游客做旅游决策有四个环节，到旅游景区是第四环节。以九寨沟为例，大部分游客首先看到九寨沟的广告，其次到互联网上搜索攻略和游记，再次到OTA上订酒店和机票，最后到目的地买一张门票。景点讲解这个内容既是景区的广告，又是攻略，我听完了整个九寨沟的景区讲解之后，相当于九寨沟给我做了一次半个小时的广告，因为开车的时候可以碎片化地听，所以它就做了一次广告，以前对九寨沟一点都不了解，听完以后对九寨沟已经比较熟悉了，这时候它可能又是一个攻略。所以景点讲解可能会成为整个旅游行业消费决策的源头，大家了解它的文化，这是大数据对于服务应用以及未来消费决策的一个依据。

吴丽云：谢谢陶总。旅游互联网金融这两年快速发展，携程刚刚和银联合作，成立了公司专门做金融，途牛、同程都已经涉足这一块业务，当企业纷纷介入某一领域的时候，一方面说明这个领域是非常有潜力的，另一方面也说明这个领域目前是存在问题的。请问王总，您觉得做旅游互联网金融最应该注意什么？

王迪：谈到互联网金融这一块，我想最重要的还是安全问题，e租宝事件让大家对风险有了比较具体的了解和认识，互联网的特性决定了它的扩张成本极低，而金融不要说单个的企业，就是对于整个国家的经济体系来说，金融的稳定也是至关重要的，如果互联网和金融结合得好，对于中小企业的融资，对于个人享受结算、支付、交易的便利性都是很好的促进。但如果风险没有得到有效的把控，它所带来的后果可能是灾难性的，所以我认为这一点在未来的发展中是值得大家去考虑的。大家都觉得从银行贷款很难，小贷公司好像做起来就相对容易，但是当一个完整的经济周期走过之后，大家才能看到金融是一个高风险的行业。目前中国经济还没有进入到一个很完整的经济周期，现在和2008年金融危机是一样的，经济整体下行，所以这方面我觉得值得大家注意。简单看金融赚钱好像挺容易，但实际上把钱贷来之后，实体贷款中有一笔坏账的话，其他的收益没有办法覆盖这样的风险，所以我觉得如果对于跨界进入金融领域，而且又是通过互联网进入金融领域的企业来说，确实应该仔细地考虑这一方面。

吴丽云：谢谢王总。旅游互联网金融，可能果实很诱人，但是一定要看到在获取果实过程中可能出现的一些风险。刚才我们分享了经验，也试图去寻找一些问题，但是不可否认，未来大数据一定会在产业发展中起到非常重要的作用，所以，最后一个问题，我想请四位嘉宾展望一下，旅游大数据应用前景如何，应该从哪些方面重点去突破？

王迪：对于未来大数据的发展，旅游产业和金融产业如果能够通过大数据更好地结合，我相信对于企业一定有一个很大的发展机会。我们目前也正在帮助很多文旅企业做大数据模型，做跟互联网相结合的产品，跟葛总的途牛网合作的就是互联网与金融相结合的产品，所以我认为未来如果能够把旅游、金融和大数据结合起来，对于企业、对于金融机构一定是一个共赢的局面。

陶铭：我觉得大数据对于一个企业的发展，就像今天洪总提到的，大数据是下一个宗教，我对这句话还是非常认可的。对于我而言，进入旅游行业还是一个新兵，即使对于一个新兵来讲，场景的应用也决定了它的生死存亡，这是我们的第一点应用，因为我们之前的同行都是把景点讲解当成在旅行中，游客到了景区之后来提供的服务，而我们是把它做到旅游之前。从用户的角度来讲，很多游客听到了景点讲解，这是消费决策的源头，我们可以在未来推更多的产品，包括旅游购物、酒店等。另外，还可以针对旅游目的地做一些精准营销。我觉得大数据贯穿于整个企业从发展决策到服务用户的全过程，未来一定会有更全方位的应用。

潘皓波：我认为大数据跟互联网不同，互联网解决的是信息对称，大数据解决的是信用对称，因为数据不会说假话，尤其是大数据。另外，大数据是一个引擎，今后任何一家企业都会是互联网企业，今后任何一家企业也都会是大数据企业，也就是说大数据不一定要做技术，但是我们都要以很普惠的方式，低成本、高效率地去应用大数据技术，把自己企业的业务做得更好、更高效。金棕榈有一个开放的平台，我们收集了全世界30多个国家的出境游、入境游的数据，现在还有旅游价格指数、旅游景区指数和旅游波动指数，都是开放的，利用价格指数我们可以打击不合理议价，同时也知道哪些价格太高。所以我想今后大数据的应用会非常广泛，大家要学习应用大数据的思维，用数据更科学地指导决策。

葛宇菁：途牛把未来押在两个方面，一个是大数据，另一个是金融。从大数据看，现在我们大数据的应用已经取得了很好的效果，刚才潘总说今天很多OTA已经倒闭了，我们也有点心慌，因为我们用户的贡献，46.7%的业务是反复使用的用户或者说老用户，所以在这样一个工作基础上，我们的大数据可以充分描绘出客户到底是什么样的，未来我相信这个比例会不断提高，所以我相信大数据应用在企业决策和维护客户方面，会起到越来越大的作用。另外，刚才已经提到大数据和金融的结合，因为公司现金还比较多，我们要拿出现金来做一点互联网金融，也为行业做一点贡献，所以未来十年我们希望把互联网＋旅游＋金融这件事情做好。

吴丽云：感谢四位嘉宾的分享。刚才和各位嘉宾在讨论过程中，我们发现大数据在旅游方面的应用，无论是用于企业的发展决策、新产品的开发、新业态的推出,还是服务政府,推动公共服务质量和效率的提升,都起到了非常好的作用。在大数据的应用中我们发现也存在一些问题,一是企业、政府数据的共享还需要进一步推进。二是我们在利用这些数据的过程中还有安全性或者说隐私问题,如何在不去触犯伦理的情况下更好地利用大数据,这也是未来企业在应用大数据时需要思考的一个问题。展望大数据的未来,用大数据的理念来指导企业的发展,应该是未来大数据产业应用的重要趋势。

今天的圆桌论坛就到此结束,再次感谢各位嘉宾。

谢谢大家!

第三编

2016年中国旅游发展论坛专文

中国旅游集团公司战略构想

中国旅游集团公司董事长　张学武

尊敬的王晓峰局长、段强会长，各位领导、旅游界的朋友们、女士们、先生们，大家上午好！

今天由中国旅游协会、中国旅游研究院共同主办的2016年中国旅游发展论坛成功召开，我谨代表中国旅游集团表示热烈的祝贺，也很高兴给我这么一个机会就集团"十三五"发展和中国旅游"十三五"发展的一些趋势谈一点想法，和大家做一些交流。

一、"十三五"中国旅游发展的新定位、新趋势

当前，我国已经进入大众旅游新时代，"十三五"期间我国将全面建成小康社会，旅游业的发展定位、发展趋势都将发生深刻的变化。"十三五"期间，国家把旅游定位为新常态下经济转型升级的关键驱动力，全面建成小康社会的重大民生工程，生态文明建设的重要引领产业，提升国家综合实力的重要载体，扶贫攻坚的生力军，也是全面体现并实践创新、协调、绿色、开放、共享五大发展理念的综合性优势产业，这些新的定位，让我们业界增强了信心，给我们指明了方向。中国旅游业正在呈现出八大变革性的趋势：

1. 旅游消费大众化

越来越多的人们参与旅游，旅游已经成为广大人民群众常态化的消费，成为日常生活的重要组成部分。

2. 旅游需求品质化

人们普遍要求游得舒心、游得省心、游得开心，个性化、特色化旅游服务要求越来越高，旅游需求的品质化和中高端化日趋明显。

3. 旅游竞争国际化

提高旅游业对外开放的质量和内外联动性，增强用好国内、国外两个市场、两种资源的能力，将成为提升旅游业竞争力的重要手段。

4. 旅游发展全域化

人们的旅游面大为扩展，不再满足于传统的景区景点，而是日益深入到城乡社区、人文资源、环境生态以及科研、文化、体育、医药等特色产业，旅游融合发展趋势日趋明显，以抓点为特征的景点旅游发展模式将向区域资源整合、产业融合、共享共建全域旅游发展模式加速转变。

5. 旅游产业现代化

旅游业依靠传统资源驱动的发展方式难以为继，现代化经营管理、现代化产业组织对推动旅游业发展的作用将日益增长。以云计算、移动通信、物联网、大数据为代表的现代化、信息化技术正在被旅游业广泛应用。

6. 旅游边界模糊化

旅游外延越来越广，产业边界越来越模糊，不断催生出新的模式、新的业态，"旅游+""互联网+旅游"将重塑旅游产业生态体系和竞争格局。

7. 旅游市场细分化

旅游产品供给越来越细分，融入地域、年龄、兴趣等更多维度的市场，冰雪、天文、亲子等主题旅游以及高端私人定制旅游开始兴起。

8. 旅游服务品牌化

人们日趋追求更高的服务标准和更好的旅行体验，旅游服务品牌化既代表旅游企业的服务质量，也直接影响消费者的购买选择和忠诚度，大品牌、好品牌、特色品牌将成为旅游企业更重要的无形资产和吸引消费者的响亮名片。

二、"十二五"转型升级中的中国旅游集团

我们集团成立于1928年，总部在香港，经过88年的发展，集团业务形成了以旅游文化为主业，以旅游地产、旅游金融、物流为支柱产业的战略格局。"十二五"期间集团主要是坚持调结构、促转型、转方式这样一个工作要求，不断优化产业布局，使旅游主业更加凸显，我们主要做了以下几件事。

1. 调整产业结构

"十二五"期间我们集团曾经有千万吨钢的生产能力，也有电，有几百万千

瓦的重机，还有其他的制造业。在"十二五"期间我们集团的目标非常明确，退出制造业，退出实业，强化旅游主业的发展，称之为"一退两进"，就是退出制造业、工业，进入金融业和重组国旅。

2. 推进并购重组

"十二五"期间我们并购了宁夏沙坡头景区，2015年并购了香港最大的消费金融公司，安信消费信贷，2012年成功地收购了焦作商业银行，去年还在英国并购了英国第二大酒店集团，还并购了国内最大的一个物流运输公司。2016年大家都很关注，我们重组了国旅集团，7月11号国资委正式对外发布公告，8月3号两个集团重组大会召开，在重组过程中我们也正式向国务院提出申请，把中国港中旅集团的名字改成中国旅游集团公司。

2003年国资委成立的时候，一共有5家旅游央企：港中旅、中国中旅、中国旅贸、中国免税和中国国旅。到今年8月3号，我们两个集团重组以后，5家旅游央企都汇集在中国旅游集团这面大旗下，我们也成为现在国资委102家企业中唯一一家以旅游为主业的集团公司，我们集团既实现了业务量的扩大，资产规模的增加，也使产业布局进一步得到优化，产业链条更加完整，品牌影响力也更大。旅游讲的是食、住、行、游、娱、购，过去我们在购的这个环节比较弱，国旅集团加进来以后，免税就成为我们产业链中非常重要的一部分。

3. 打造旅游金融

2012年并购河南焦作市商业银行以后，在2015年10月得到国家批准，正式把这个银行更名为中国旅游银行，这也标志着中国第一家以旅游为特色的银行的诞生，也彰显了我们集团要进入金融产业，实现旅游和金融融合发展的决心和信心。现在集团的金融板块，有中旅银行，有香港最大的消费金融公司，还有基金，我们也正申请在国家旅游局的支持下筹建中国旅游产业发展基金，也得到了财政部的支持，现在正在履行国务院批准的手续，规模是500亿元，我们希望通过旅游产业基金，推动中国旅游业更好地发展。同时，我们还有保险，也有财务公司，所以旅游和金融的融合，为旅游业的发展增加了新的动力。

4. 开拓旅游新业态

2010年，我们在北京密云建成了中国第一个国际标准的房车营地，到现在集团房车的数量中国最多，房车的线路最丰富，房车的盈利布局也是最大的。为了推动这个产业的发展，港中旅已连续五年举办中国房车展，第一次举办房车展的时候，参加的是中国汽车展，在边角给了大概不到300平方米的地方，几辆房车，没有得到人们的重视。但是今年我们把北京展览馆将近4万平方米全部用作房车专项展，过去几辆房车都是外国造的，现在国内的汽车工业全面进入了房车的生产。房车主要是家庭使用，所以把家电也带到车上，带动了相关产业的发展，帐篷这个和房车相关联的产业也得到了很好的发展。我们感到很骄傲，因为房车在国内的认识不断在深化，也被国务院定为中国旅游的新业态。

同时，我们还在积极地进入邮轮产业，我们和中交建、中海运三家企业共同成立了邮轮公司，航线从三亚到南海，第一条船叫南海之梦，11月18号完成了技术性试航，11月27号完成了体验式试航，这是在南海出现的第一个悬挂五星红旗的豪华邮轮，对于维护国家主权、开发海洋经济、开发和平之海，都具有重要的意义，在这条航线上，我们准备用三年左右的时间建成五条船的规模，形成中国民族品牌的邮轮车队。

5. 推动国际化经营

集团"走出去"战略不断加快，为落实中央"一带一路"的总体布局，我们先后在白俄罗斯、英国建立了公司，形成了产业布局。我们还在海外建了七个签证中心，在海外的布局也得到了全面的加强，为满足我们国内公民出境游打下了坚实的基础，现在我们的海外资产已经接近300亿元人民币，为下一步的发展奠定了很好的基础。

6. 深化改革达到两主体

把集团打造成投资控股型主体，把下面的板块公司打造成完全市场化的竞争主体，我们正在全力以赴，使企业治理更加现代化，下面板块公司的竞争力能够得到全面的提升。

三、"十三五"再出发的中国旅游集团公司

"十三五"是我国全面建成小康社会的决胜阶段，是我国旅游消费转型升级的重大战略机遇期，也是重组后的中国旅游集团做强、做优、做大的关键阶段。在"十二五"期间我们集团的销售收入基本保持了两位数的增长，2016年预计集团的销售收入还会保持两位数增长，利润增长30%左右，所以"十三五"期间我们希望这种双位数增长的能力和要求能得到进一步的延续。集团也给自己做了一个战略定位，因为现在在100家央企中做旅游主业的就我们一家，所以我们对集团进行了新的战略定位。

1. 担起推动我国迈向旅游强国的主力军责任

因为"十三五"期间中国旅游的发展会更快,由旅游大国向旅游强国迈进,作为旅游国家队,我们坚决按照国家旅游局的旅游产业发展战略,加快发展速度,承担起国家旅游战略实施的主力军责任。

2. 成为中国人全球旅行系统服务商

"十三五"期间,中国出境的人数会得到进一步提升,国内的几大旅游品牌,中旅总社、国旅总社、中青旅总社、香港中旅总社,这四大品牌中港中旅汇集了三个品牌,在海外的布局也比较齐全。中国人出境的消费能力在进一步提升,所以在"十三五"期间,为了满足国人出境游的要求,我们要在海外打造服务系统,把免税等各方面业务都充实到这个服务体系之中。

3. 做我国高端旅游品质服务业的引领者

消费结构正在发生变化,过去计划经济时代,中国的经济矛盾是总供给和总需求的矛盾,现在中国在市场经济下有很多行业,可能绝大多数行业都是供给远大于需求,所以出现过剩,但是旅游行业的供给远远满足不了需求,而且我认为离中央提出来的供给侧结构性改革,提供特色化、定制化、个性化的中高端旅游还有很大差距,所以我们集团要全面推动旅游产品供给侧结构性改革,为我国高端高品质旅游发展贡献力量。

4. 成为中国旅游品牌的打造者

品牌是一个企业无形的价值,品牌代表着服务质量,所以要不断增强集团品牌的影响力,关键是服务质量、服务标准的全面提升。我们非常有决心把集团的几大品牌,港中旅品牌、中旅品牌、国旅品牌发扬光大,使集团能形成更多的品牌。海泉湾、中国免税、维景酒店、世界之窗、锦绣中华这些品牌能有更大的影响力和更高的价值,为我们的服务提供支撑,也希望在"十三五"期间中国的旅游品牌能成为世界品牌。

在这样一个战略定位下,集团在"十三五"期间的工作要求就是突出一条主线,始终坚持调结构、促转型、转方式的工作准则不动摇,走质量、效益、可持续发展之路,我们希望能在以下七个方面做好工作:

第一,突出大旅游为主业,做强、做优、做大核心主业。集团将按照国有企业全面深化改革的总体要求,聚焦大旅游主业和相关增值业务的发展,大旅游主业包括旅行社、景区、酒店、免税、房车、邮轮、签证、客运和旅游演艺等,涵盖了旅游业的主要要素,所以我们把这些作为集团的核心主业,把它做好,同时为旅游主业的增值服务提供支撑。

第二,突出全面优化产业布局。集团大旅游主业优化发展的核心业务布局是要在旅行社、景区、酒店、免税、房车、邮轮、证件这些方面,形成我们的核心竞争力和市场占有率,延伸发展旅游文化产业,形成旅游品牌建设、民族特色旅游文化。旅游金融要优化发展,推动中旅银行的发展,安信消费金融向国内的拓展,以及财务公司、保险基金、融资租赁这些业务的发展。发展好我们的旅游地产,实现景区、城市休闲地产的进一步增值。

第三,突出全面升级业务结构。集团正在做自己的"十三五"规划,我们提出在"十三五"期间要打造数字化中国旅游集团,树立共享、协同、聚合三大理念,通过应用化、移动化、终端化打造个性化、终身化、定制化的产品和服务,实现全方位、全链条、全集成的数字化港中旅。集团通过"三步走"的方针,希望在"十三五"期间通过数字化港中旅的打造,推动我们内部业务的协同。

第四,突出全面优化治理结构。集团正在推进规范董事会建设,我们希望下面的板块公司在"十三五"期间能上市的都要把它推向资本市场,通过推向资本市场来实现治理的现代化,同时也借助资本市场,进一步推动集团实体运营和资本运营的共同发展。

第五,突出创新驱动发展战略。集团要按照突出创新驱动发展的要求,并贯穿始终,重点抓好我们的管控模式、体制机制、制度以及新技术应用、信息化建设等方面的创新,也包括商业模式的创新、产品和业务的创新、新业态的创新等。

第六,突出全面深化改革。集团按照中央和国资委的要求在加大改革力度,我们提出了改革方案,核心点就是打造两个主体,把集团打造成投资控股型主体,把我们的板块公司打造成市场竞争主体。对下面的板块公司要落实"两权",法人财产权和自主经营权,要做到"五个自"——自主经营、自负盈亏、自担风险、自我约束、自我发展,我们希望通过"两主体"的打造,使我们企业机制更活、竞争力更强,下面的板块公司,要么是行业的领先者,要么是行业效益的带头者,要么是效率的最好者,否则就要被淘汰。

第七,突出协同,创造价值。集团产业链和要素都比较齐全,怎样实现优势互补,实现内部协同,把产业链变成价值链,这是集团在"十三五"期间必须要解决的一个问题,所以我们在协同方面强化了顶层设计,希望在"十三五"

期间集团的整体效益通过内部协同取得更好的效果。

"十三五"期间集团的目标很明确，旅游主业要做成中国第一、亚洲前茅、世界一流。世界一流就是旅游主业一定要做到一流的规模、一流的经营业绩、一流的发展潜力、一流的国际竞争力、一流的品牌形象、一流的公司治理和人才队伍，所以我们希望在"十三五"期间把集团打造成世界一流的企业，我们争取尽快进入世界500强。

四、合作共赢，共同开创我国旅游发展的新天地

经济全球化时代，没有哪个行业也没有哪个企业可以独善其身，要共同应对发展中的风险、挑战，共同抓住机遇，协调合作是必然的选择，新经济是合作经济，这已经成为21世纪经济发展的主流。随着旅游全域化的深入发展，共建共享已经成为旅游业发展的新方向，旅游企业之间既是竞争关系，更是合作关系。为了中国旅游业的大发展，我们要推动大合作、大联合、大融合，旅游企业之间要秉承共赢的理念，搭建行业合作平台，加强务实合作，不断扩大合作的内涵和外延。合作不论出身，无论是央企、地方国企、民营、私营，我们都可以与其合作，我认为股权多元、混合所有制是发展方向。与上下游产业链要大联合，与互联网金融要大融合，这也是实现我国旅游业持续健康发展、全方位合作的新的共同要求。

中国旅游业正迎来"十三五"发展的黄金期，在"创新、协调、绿色、开放、共享"五大发展理念的指引下，只要我们抓住历史机遇，把握发展趋势，加强改革创新，不忘初心，继续前进，中国旅游产业、旅游企业一定会取得更大发展，实现大跨越。

谢谢大家！

加大产业整合，创新提升产品和消费者的经营能力

北京首都旅游集团有限责任公司总裁　刘　毅

尊敬的王晓峰副局长、尊敬的段强会长，尊敬的各位领导、各位同人、各位朋友，大家上午好！

非常高兴受中国旅游协会和中国旅游研究院的邀请来参加这个论坛。今天我想和大家一起分享首旅集团在提升产品质量以及运营和经营顾客能力方面的一些想法，主要有三个部分：一是简要介绍首旅集团概况；二是对国资国企改革的一些认识，包括我们的一些实践和探索；三是关于加大产业整合力度，提升产品和消费者经营能力的一些想法。

一、首旅集团简介

首旅集团成立于1998年，到2016年已有19年多的历史，我们一直秉承着品牌+资本的发展战略，走过了三个历史阶段，从重建改制到战略重组，再到全面提升核心竞争能力，已经形成了一个投资旅游及相关产业的战略性集团。到目前为止，集团的总资产已经突破700亿元，营业收入突破430亿元，与去年相比，实现了双位数的增长。旗下有首旅酒店、首商，员工现在有5万人。经过近20年的发展，首旅集团已经形成了涵盖食、住、行、游、购、娱等旅游全要素的产业链，特别是在酒店方面，首旅集团旗下的酒店品牌极其丰富，形成了高中低端批次搭配的丰富格局。我们通过重组和如家在酒店方面形成了20多个品牌，在全国有36万间客房，已成为中国最大的酒店集团之一。

2004年，北京市委市政府和市国资委加大重组的力度，重组了新燕莎、全聚德、东来顺、古玩城和首旅等五大集团，使首旅整合了北京的老字号，形成了我们的餐饮优势，现在首旅在全国有120个烤鸭门店，150个东来顺门店，

构成了首旅体系300多个特色餐饮连锁店。

汽车和服务是首旅非常重要的特色。成立于20世纪50年代的首汽，承担了党和国家一些重大政治活动服务的任务，如G20、APEC会议等。我们先后调整了首汽租车、首汽约车和新能源汽车这样一个新的业态来面对市场竞争，现在已经形成了全国布局，车辆数达到了3万辆，跻身中国汽车租赁前三甲。

从旅游角度来看，我们有两大旅游公司，一个是康辉，也是这次活动的支持者，另一个是神州国旅，现在这两家公司在全国实体门店数已经超过400家。

经过这几年的全面发展，我们已经打造了一个景区板块，包括海南南山、福建鼓楼、银川沙湖和北京野生动物园等，最近我们把平台进一步提升，和资本市场全面对接，打造景区投资及管理平台，将在今年底或明年初正式挂牌成立。

我们也在探索新的业态，如房车自驾。2014年我们成功地承办了世界第80届房车自驾车大会。这是一个国际大会，在欧美这种组织已经有80年的历史，2014年是第一次进入中国，我们打造了世界认可的一流的房车营地，以这个营地为基础，开始走丝绸之路。

首旅集团在市委市政府、市国资委的高度重视下，经过十几年的努力，正式成为北京环球影城及度假区的主要投资方，我们将和北京国资的其他企业共同打造投资平台，并和美国环球影城及度假区集团公司共同出资建造北京的环球影城主题公园，到今年土地已经征集完毕，2016年10月28日整个工程全线开工，计划2020年将向中国的旅游者开放，将为北京、津冀、环京津冀奉献出一个新的作品。

过去四年，在经济下行压力比较大的情况下，我们也深深体会到旅游业所面临的巨大挑战，旅游业是一个互联网全覆盖和供给侧全覆盖的竞争类行业，市场的挑战带给我们这样的传统企业巨大压力。经济下行压力很大，消费类传统产业与互联网的深度对接越来越明显，深化改革的要求不断深入，资产经营的结构、调整的步伐也在不断加快。

从挑战上看，我们都处在一个终端消费的市场，这个市场近几年低迷的状态给我们带来很大的冲击，消费回归理性，大众消费逐步成为主流，企业的经营压力增大，刚性支出成本持续增长，新型产业的冲击和传统客源的进一步分流，对我们做传统旅游的企业来讲，都构成了巨大的压力。

面对这样的压力，我们要加快改革创新的步伐，自上而下地改革调整创新模式，决策和运行体制，这是从上面讲。从下面来讲，从企业的实体讲，要加大产业整合的力度，自下而上创新和提升产品，真正地把消费者经营好，满足广大消费者的需求。

二、加快深化国资国企改革实施路径的探索与突破

我们利用这四年的时间，做了很多链内的工作。首先是深化集团总部的改革，我们把集团总部真正打造成一个市场主体，而非一个领导机关，这是我们改革的核心点，是一个投资旅游及相关产业的战略执行层和决策层，所谓的决策层总部。其次是我们推进了酒店业主管理体制改革，原来的酒店业主和运营公司不分，过去传统的酒店都存在这样的问题，我们经过改革，把业主公司和管理公司全面分开，业主要站在业主的角度去调整物业经营的价值，管理公司要发挥市场化功能，推进市场化建设，把整个过程打造成一个市场化的机制。最后是推进了集团内部企业重组和资源整合，解决了旅游业全要素之间集约化和资源共享的问题，实行市场化，放权和管理双结合。

正是在这个基础上，北京市国资委和市委市政府在 2014 年 8 月确定首旅集团作为竞争类国企董事会改革试点的唯一企业。2015 年 7 月又将首旅集团作为国有资产产权改革试点，这两项改革对我们后面的重组、并购、市场化推进意义极其重大。从董事会建设试点来看，我们现在的外部董事都是专家；从产权改革试点来看，把国资委一部分产权处置的职能赋予首旅集团，在这个过程中有效地节约了成本，促进了企业整合，加快退出低效资产，提高了资产的配置效率。

从国企改革的角度看，我们觉得这也是红利。政策也是供给侧，所以我们深深地体会到近几年北京市委市政府以及市国资委针对首旅集团的两项突破性改革，对推进竞争类国企在这个市场上真正站得住、稳得住十分关键。

三、加大产业整合力度，提升产品和消费者经营能力

经过这几年的实践，我们深刻地认识到"+互联网""互联网+"是消费企业、旅游企业发展的必然趋势。在移动端下，我们没有什么不可以通过线上和

线下融合互动，它是一种手段、一种技术，会促进我们更好地做线下产品，更好地做线下服务，更好地经营，更好地服务顾客和消费者。

通过互联网思维+实践运作方式，我们打造了首汽约车，从2014年开始整合到现在，会员数量已经达到500万，这样的发展速度得益于我们利用互联网思维和移动端不断地丰富线下产品，为顾客、为消费者提供更加优质的服务。

酒店重组是大家关心的一件大事，中国的酒店业在改革开放以来的几十年内是发展最快的，也是和国际接轨最快的，酒店业的发展速度和规模都是空前的。目前，酒店存量巨大，整个酒店业年均出租率不足53%，在这方面仍然有巨大的发展潜力。首旅和如家的并购到现在基本落地，首旅集团在2012年前就是如家的创始人，就是如家的股东，我本人和沈先生是如家的联席副主席，多年来首旅集团一直对如家给予高度支持，一直是如家的第一大股东，这次整合可以进一步做优做强做大首旅集团酒店板块。2016年9月重组以后，从决策层到执行层全面推进市场化进程，我们把如家完全市场化的团队正式聘为首旅酒店的经营团队，聘任孙坚作为首旅酒店的总经理，完全按照市场化的考核机制、薪酬机制和运行机制来推进，目前整个品牌、业务和后台的整合都非常好，得到了市场的认可。

从系统整合、品牌打通和创造协同方面我们也做了很多努力，比如说如家、首旅酒店和首汽已经全面签订了战略协议，和康辉也签订了战略协议，大家互相协作，形成一个价值链共同体。现在如家已经向首汽约车转移了50万客户，首汽约车向如家同样转移了50万客户，多层次、多方位的链条需求，为会员提供了延伸价值。我们在重组如家后，要充分利用如家8000万激活的会员和首汽500万激活的会员，以及商业体系，大家互为主客、互为成本、互为收益，把集团内在价值的协同效益充分发挥出来。

按照这样的思路，我们以转型发展为目标，实现业务的创新，打造多元化的酒店生产圈，酒店生产圈不仅包括酒店的吃和住，也包括在整个的行程、旅游以及休闲度假等多方面满足酒店客人的多元化需求，形成以酒店为核心的生产圈，以满足顾客的需求。首旅现在具备这样的优势，同时我们也借此机会，希望开放这样一个平台，和业界、旅游企业共同合作，搭建为消费者、为旅游者提供更好服务的平台。不断向外部进行扩展，以开放共享的方式与旅游业界相关产业加强合作，共同构建酒店综合服务的新平台，为广大消费者提供更加优质的产品和服务,首旅集团也愿意通过整合的酒店平台、约车平台、旅游旅行平台和新业态扩展平台,一起助推中国旅游业的发展。

首旅作为北京国企改革的探路者、引领者,产业升级的推动者和实践者,将为促进旅游事业进步做出新的贡献,首旅集团永远是你们的朋友。

谢谢大家!

技术创新与旅行服务

携程旅行网首席执行官 孙 洁

各位领导、各位嘉宾,早上好!

非常荣幸有这么好的机会跟大家分享携程是如何通过技术创新和服务创新来服务我们的全球客人的。

携程有 25 000 名员工,要服务近 5 亿人次,我们的员工每天工作都非常繁忙,但是我们从来没有把他们的工作只看成是订一张机票、一个酒店,为什么呢?因为没有一个行业能够像旅游行业这样把人们带到全球,要让每一个通过携程走向世界的客人成为中国的代言人,把中国最好的文化、最好的历史带向全球。而当他们在全球旅游的时候,我们也希望他们能够把全球最好的文化、最好的历史带回中国,所以携程是一个通向全球的桥梁。我们怎样通过技术手段和服务手段来实现这个目标呢?所以今天我想通过这个 PPT 和大家做一个简短的分享。

一、发挥技术优势,打造智慧产品

在智慧产品上,携程创新应用了新技术,用 VR 的手段让客人第一时间看到我们的酒店,我们也创新 APP 的应用形式,能够跟客人做一个互动,能够用在线的手法来选择房型。比如进入相应的页面后会出现酒店房间布局图,客人就知道哪些房型是靠近电梯的、声音比较响,我可以远离它,在预订的时候一步到位。我们也推荐酒店的硬件使用,在酒店有什么先进的硬件呢?我们推出智慧产品,在携程的智能房间里就能看到PM2.5指数,如果客人有小孩、有老人,希望空气比较清洁,这些酒店就会优先展示。同时通过我们的APP,客人也能看到酒店的空调装置、TV、电灯等设施,还可以通过我们的二维码向酒店预订,自主地 check in 和 check out,这个非常方便,这个产品也受到大家的一致好评。

在机票上我们也做了很多创新,比如说中转,未来如果没有上海到北京的机票,我们就会推上海到天津,如果上海到安陆这个城市没有飞机直达,我们就会推上海先到汉口,然后推大巴或者租车服务,通过几个小时能够到安陆,这个只有在我们这样一个平台上才能够展示出来。

二、大数据分析和服务创新

接下来讲一下大数据分析。有近两亿客人下载了携程 APP,所以我们的工程师在后端做大量的数据分析。比如一位客人从上海飞到巴黎,他如果是坐商务舱或者头等舱的客人,我们推酒店的时候就会非常有针对性,因为我们知道他是高端客人,我们推的酒店也是五星级的酒店,在巴黎市中心。同时他如果是到巴黎、伦敦,我们就会推给客人各种各样的服务,比如说 Wi-Fi 服务,或者是我们知道他住在巴黎的香格里拉酒店,我们知道他是在哪个飞机场降落的,就会判断好这个段落,派人去接这个客人,这一切都是通过大数据分析,为客人提供服务,非常精准。

携程跟其他企业不一样的地方就是推全产品,不光有机票、酒店,还有租车、旅行、火车票、汽车票等服务,特别在夏天飞机因为暴雨延误,我们就会通过大数据,通过对客人的分析,帮助客人在酒店延住,自动取消接送机,重新安排接送机,所有的服务都能安排好,非常省心。有很多时候我们帮客人想到了,客人自己还没想到,携程客服会主动帮客人把这些事情解决掉。有突发事件的时候,比如日本地震、巴黎枪击等,团队会马上帮助客人,第一时间、用最快的速度把我们的客人接回国内。

基于客户画像,我们也在内部不断地提高效率,以前携程的电话打进去需要等一段时间,我们现在做了一些改革,就是您的电话打进去,我们马上知道您有哪些订单,如果这个客人的订单是自由行订单,第一个出现的呼叫号码就是自由行的酒店,第二个出现的就是酒店订单,这样可以节省客人时间,而不用听一些无用的字段,通过这些方式,不断地提高我们的内部效率。我们内部还在测试智能性外呼,比如有暴风雪过来了,航班要延迟了,我们给客人打电话,很多时候我们的高端客人非常繁忙,原来都是人工外呼,我们的客人没接起来，客服急，客人也急，现在客人如果接电话了，我们的客服人员才会上线，将减少对客人的骚扰，内部效率也会提升。

最近我们酒店还在做另外一个尝试，如果成功的话会推向全产品线。这个项目叫酒店网红客服，如果客人已经订了酒店，接下来他需要接机，需要户外娱乐等，我们的客人一直说携程的服务太标准了，希望有一个人一跟跟到底，这个需要后端的大数据支持，我们会对这个客人采用一对一的服务，但同时后端的基础设施一定要加强，这样客人感受到的是一对一的服务，后端其实有很多计算方法，来帮客人选择最好的产品，我们叫作酒店网红客服，这个也是"90后"年轻人想出来的一个项目，如果这个项目能成功的话，客人的体验会有很大的提升。

另外一个服务创新项目叫闪住闪结，就是根据携程客人的消费，比如是白金客人、钻石客人，他在携程有多次消费，每一次他的评分率、结算率都很高，那么不需要支付定金，很快就可以 check in，对高端客人的服务也会提高，现在已经有30万家酒店有这样的服务。还有一个是微领队的服务创新，这是一个比较复杂的过程，比如游客要去哪里，提前会做很多攻略，有人希望有一定的人跟他做交流，我们提出了微领队组，微领队组会把当天到那里的人聚集在一起，由领队给大家做推荐，出行之前我们已经知道有哪些是非常好的，出行之后有人觉得一个人吃饭没意思，他们就会结伴出游，出行之后客人把拍的照片、写的日记反馈回来，现在微领队组的项目很受客人欢迎。

以上是携程最近所做的一些技术创新和服务创新。最近携程在全球化上会加快脚步，我们也做了一个比较大的动作，在北美投资了三家华人旅行社，在东海岸我们也有资源非常好的服务供应商，大数据分析出来欧洲有恐怖袭击，欧洲的出游量在下降，但美国是欣欣向荣的，高的成长必须有一个非常强的当地团队来服务我们的客人，所以我们非常果敢，把东海岸、西海岸资源结合，为客人做更好的服务。第二是投资印度市场，印度人均 GDP 是中国十几年前的水平，我们在印度也进行了布局。印度市场不像中国，没有很好的团队来做，经过反复考察后我们投资了 make a trip，在上市的时候就说它是印度的，所以很希望携程能够把自己的经验跟它做一个分享，打赢印度市场。我们还跟印度市场的第二名做了一个整合，避免无谓的价格竞争。第三是做机票价格的比较，这个团队人很少，但是非常高效，非常有创新精神，只是现在他们没办法做服务，因为客人比较了价格以后就会被引到其他网站，所以我们希望用自己的能力帮他做进一步加强服务，我们也希望这些投资能够让携程更快地走向世界，为中国旅游业的全球化做出贡献。

我觉得未来旅游业是欣欣向荣的，携程也很希望和各位领导、各位企业家一起携手共进，为中国旅游业发展尽绵薄之力。

谢谢大家！

旅游企业集团的国际化发展

——来自锦江国际探索实践的几点体会

锦江国际(集团)有限公司副总裁　王国兴

尊敬的王局长、段会长,各位嘉宾、各位同人,大家上午好!

很高兴和各位一起分享旅游企业在国际化发展过程当中的一些特点,并简要汇报一下锦江在这方面发展的一些体会。

目前锦江在全球已经有6800家酒店,客房数量突破70万间,布局在世界五大洲各个地方,刚才宣传片也跟各位报告了,在全球 Hotels 杂志中我们集团已经排名世界第五位。在"十三五"规划中我们大致设想集中在四个方面进行努力:一是基本完成酒店业的全球布局,二是初步建成创新引领的旅游服务产业新体系,三是形成全球布局跨国经营的现代化管理基础框架,四是国际竞争力和品牌影响力明显提升,这是我们的愿景。接下来和各位汇报一下锦江在国际化方面的一些体会。

一、充分运用资本平台

这是目前旅游业发展的一个趋势,我们排列了一下各位同人在这个行业里发展的一些模式,发现大部分还是充分运用了资本平台,我们感觉在产融结合的情况下,产业资本既要联合金融企业,也要自己做企业金融。

旅游产业已经成为产业集团和资本集团共同注入的一个产业市场,锦江在集团重组和集团发展的过程当中,都比较注重资本平台的搭建和运用,我们把核心产业,酒店、旅游和客运物流的主业全部注入上市公司平台,运用资本平台和产业共同进行重组发展。除了资本平台的搭建以外,我们也有国内产业界第一家财务公司,也是首批外汇双向资金池试点企业之一,我们在集中投资酒店旅游等主业的同时，金融企业的投资比重也比较大。2006年我们在香港上市，2008年，2009年把国内三家上市公司的控股权注入到香港上市的酒店集团当中，搭建了锦江在资本市场"一拖三"格局下的综合性资本平台。因此，在完成一系列业务重组和产业资本平台搭建之后，我们于2009年运用资本平台，运用香港这家酒店集团上市公司收购了在美国纽约交易所主板上市的洲际集团，当时它有200多家酒店，是国内资本平台收购纽交所主板平台并且对它进行私有化的一个案例，于2010年完成，收购完成后对它最大的重组是资金和债务重组。

2015年，我们运用国内资本市场，也就是"一拖三"下面一家以精品酒店为主的上市公司对法国卢浮集团发起了全面并购，当初它在世界 Hotels 杂志排名中列第19位，在境内外银团共同努力下，我们并购的资金成本是很低的，充分发挥了资本市场和金融市场的作用。2016年我们又用境内的上市公司战略投资铂涛酒店集团，铂涛酒店集团也是曾经在境外上市的一家企业，也是用上市公司的形式来公开操作，在收购完成以后，也曾经运用国内资本市场增发等各种形式再融资，来平衡整个上市公司的资金状况。2016年我们还战略投资了维也纳酒店集团，维也纳酒店集团是集中在境内的中档酒店，是一个领先的中档酒店集团，同样也是运用我们控股的境内资本市场和金融市场资金的优势进行的操作。

综上所述，我们感觉在集团国际化发展过程中，运用资本市场和金融市场发展旅游产业是非常有必要的。

二、打造酒店旅游发展品牌序列

从国际酒店业和旅游业的发展来看，从开始的资产和品牌兼有、混业经营，到后来品牌意识增强，更加注重酒店输出管理，目前大家都集中在品牌打造、品牌输出、品牌认同、品牌黏性，围绕客户的需求进行市场细分，所以对旅游和酒店产业来说，品牌的打造变得非常重要，有时候消费者可能只认品牌不认企业，消费者的品牌忠诚度和黏性对产业集团来说非常重要。

锦江这么多年来一直致力于锦江品牌的发展，是一个有历史底蕴的企业集团，外界大致都知道锦江是以酒店为主业的旅游企业，但从品牌角度来说，我们在酒店和旅游方面并没有对品牌进行梳理和细分，所以这么多年来，包括前面介绍的国际化和资本市场的发展，其中很多战略性的构想都是为了完善整个锦江酒店的品牌体系。我们致力于全部酒店系列中的品牌创新，原来只有锦江酒店，其实和平饭店、国际饭店都是锦江旗下的酒店,但是它们大多都是以饭店名称、企业名称体现的,并没有体现到整个集团的酒店品牌序列当中,而且要从高星到低星,对每一个市场细分进行完善,这也是国际化酒店集团发展的一个惯例,因此这么多年锦江一直致力于完善锦江的酒店品牌序列。在国际化和国内联动发展过程中,我们非常注重品牌的序列打造,刚才介绍的美国洲际是一家第三方管理公司,用以加强集团的管理能力,铂涛集团是一个主要集中在精品酒店,并不断向中档酒店发展的集团,维也纳更是集中在中档酒店的一个比较领先的品牌,这些品牌使集团在发展过程中初步形成了品牌序列架构,从低星到高星,从有限服务到全服务,形成了大致有30多个品牌的酒店集团。

因此,锦江已初步完成了在资产上面国际化的初步布局,在品牌方面也基本理顺了全系列的品牌序列,我们正在努力打造适应客户需求、适应市场的,以消费者为中心的服务体系。

三、全球配置资源

旅游已成为一种生活方式,客户端的需求多种多样,分享经济使旅游集团在发展过程中,从全球化的角度来考虑发展方式成为一种可能,因为供应端和消费端现在非常贴近,消费端的各种需求也非常个性化,全球化、国际化日益突出。在分享或者共享经济条件下,我们在战略上要更多地用全球和国际的眼光来确定自己的发展方式。

客源、资金、市场、网络和连锁门店越来越突出地表现出全球资源共享优化配置的趋势。旅游企业在这么好的一个发展形势下,要以开放的心态、全球的视野来完善我们的服务,要务实地推动两个方面:一是如何考虑到彼此的优势,进行资源的优化配置,完善旅游产业集团的战略;二是要控制风险,在全球范围内"走出去、引进来",我们还是在不断地探索,在这方面要注意控制风险。刚才说到"引进来",我们收购的法国卢浮酒店集团的品牌已经在大家共同的努力下首次进入了中国,它也是一个多品牌的集团,有七个品牌九个序列,所以全球化发展对旅游企业来说也是一个新课题,充满了机会和挑战。锦江也和各位同人一样正在不断地努力,不断地探索、发展、完善我们的企业,并不断地提高服务能力。

谢谢各位!

对中国旅游产业发展的战略性思考

中国旅游协会会长　段　强

尊敬的晓峰局长，各位领导、各位同志，上午好！

即将结束的2016年称得上是中国旅游产业发展史上波澜壮阔的一年，这一年中国旅游界发生了许多可以载入史册的事件，全域旅游概念的提出标志着政府对中国旅游产业发展阶段及其规律的认识又跃上了一个全新高度。中国旅游集团、锦江集团、携程旅游网、海航集团、首旅集团主导的几大并购案例，不仅引发了行业内外的高度关注，而且必将持续深刻影响中国旅游产业发展格局。与此同时，旅游产业线上线下融合加速，旅游金融产品创新以及住宿业革命的不断深化，都使得旅游成为中国经济社会领域高度关注的一个耀眼的亮点，也令国际同行们刮目相看。

刚才学武董事长等四位演讲嘉宾分别介绍了港中旅集团、携程、锦江集团、首旅集团的发展创想，其中也包含它们的重组与并购，让与会代表不仅进一步了解了这些重大事件的台前幕后，同时也促使我们去思考和总结这些重组并购所具有的重要意义。我认为这些意义可以梳理成为以下几个方面：第一，几家大型旅游集团的业态进一步丰富，门类更加齐全。第二，企业规模明显加大，综合实力进一步增强。第三，重组后所形成的规模为未来企业的可持续发展提供了一种客观优势。第四，也是最重要的，重组并购促使传统国企和其他所有制企业深度融合，混合所有制改革势在必行，从而为现代企业制度的最终建立奠定坚实的基础。

2016年，旅游业发展的显著特征是与互联网的融合进一步深化，又一批创业创新型企业迅速成长，使原本不够对称的旅游服务的局面不断改善。以OTA为代表的互联网企业曾经创造性地为广大旅行者开发出购买和支付阶段的线上服务产品，现在新一代互联网产品则前移渗透到客人选择旅行产品时的决策阶段,培育出了在线旅游产品的另类模式,比如说像阿里的飞猪,2016年11月11号一天的销售额达21.7亿元,交易对应着680万人的出行。大数据的应用也同样引人关注,公共大数据提供游客关注点,景区大数据提供市场趋势,企业大数据则提供精准的游客画像,这一切都为政府决策和企业营销提供了极具价值的参考。可以预测,未来数据价值将是驱动商业价值的核心力量,今天下午的论坛将向与会各位充分展示。

据不完全统计,2016年上半年我国在线旅游投资已经超过了1000亿元,是去年投资规模的8倍之多,互联网企业将客户体验和旅游需求挖掘得淋漓尽致,同时也彻底颠覆了传统的旅游卖方市场的发展模式。即将过去的一年,第三个显著特征就是资本市场旅游金融成为旅游经济转型与创新的重要支撑,为旅游产业持续高速发展提供了巨量的资金支持。据不完全统计,2016年上半年,在36家旅游上市公司中发生了105起资本活动,涉及公司28家,涉及金额545亿元,当然这不包括学武董事长那个1000多亿元,这是资本市场的直接表观。一些大型综合旅游集团通过自有的财务公司,发挥内部银行的协同功能,实现集团整体利益最大化和金融价值的创造,在融资租赁、产业基金、供应链金融、消费金融、保险保理、旅游支付等业务方面开展全方位的资源整合,打造全金融生态产业链。

一些旅游互联网企业通过分析游客和供应商在金融服务方面的需求,把旅游金融嵌入到旅行的各个环节,使得整个生态链条的黏性和忠诚度大幅度增加。融合创新提升了用户体验,给产业链的各个环节带来了新的价值。还有一批创新型金融企业着力解决旅游消费分期、旅游企业小额贷款等问题,不断推出旅游金融的新产品,满足不同规模旅游企业的金融需求,在目前经济低迷,尤其是制造业乏力的情况下,居民储蓄、社会资本和金融资本都在关注着旅游行业,金融资本的融入挖掘了旅游资源价值,扩展了旅游的发展空间,旅游企业也积极拓展旅游金融业务,打造全新的旅游生态圈,旅游金融将成为旅游业发展的下一个热点。

2016年,以民宿、精品酒店、短租、房车为代表的非标准住宿业得到了新的快速发展,中国住宿业革命持续向纵深发展,非标准住宿产品之所以能够被市场充分认可,除了注重个性化和人性化的服务以及追求新奇特的产品特征之外,更为重要的是它更加符合分享经济的特征。当下分享经济的热潮正在席卷全球,它在使几十亿消费者从中受益的同时,颠覆了许多传统行业。

数据显示，2015年分享经济在全球的市场份额规模约为8100亿美元，以颇具代表的优步和空中食宿为例，前者已覆盖了全球60个国家和地区的310个城市，估值超过500亿美元，目前已成为全球估值最高的非上市公司，后者旗下拥有的租住房间数量甚至远超一些国际酒店集团巨头。我们欣喜地看到在中国也出现了一些颇具活力的分享住宿企业，而且发展势头良好。前不久途家并购携程去哪儿网旗下的公寓民宿业务，这是途家继今年9月并购蚂蚁短租后，又一次引起业内关注的举措，标志着非标准住宿业线上线下的融合正在不断深化。

随着旅游市场持续发展和旅游产品的不断升级，旅游已经由到此一游的单一产品时代演进到深度体验游的全域旅游时代，全域旅游在全国各地如火如荼地开展，有可能使2016年成为中国旅游发展史上最具里程碑意义的一个年份。由于全域旅游已经不局限在传统的景区之内，因此就要求旅游产品的供应者把涉及旅客消费的各个环节的服务真正做到位，从而使他们愿意驻足停留，提升旅游体验。同时，由于改善了当地居民的生活空间，发展旅游的社会意义也就由此得到了彰显。可以说全域旅游实践一方面无疑对旅游产品提供者的广大企业提出了更高的要求，同时也为旅游企业开辟了更加广阔的创新空间。

2016年7月，住建部、国家发改委、财政部三部委联合下发《关于开展特色小镇培育工作的通知》，提出到2020年培育1000个左右具有特色、富有活力的特色小镇，同时在国家层面设立特色小镇建设项目专项建设基金，特色化小镇建设的发展空间空前优化，旅游企业未来重点发展方向显而易见。我们注意到一些旅游集团纷纷与地方政府签订合作协议，以市场化运作方式推动小城镇的基础设施建设逐步向建设新型化城镇转化，以全新的模式重新构建各自的系统板块。

各位领导、各位同事，从2016年中国旅游业蓬勃发展的大好局面中，我们广大旅游工作者可以得到很多有益的启示，在我国经济增速放缓成为常态的背景下，居民消费却悄然升级，中产阶级队伍不断扩大，年轻一代成为消费主体，引发消费结构和消费渠道不断转换甚至换代，所有这些都为大消费行业提供了发展机遇。

2015年，我国旅游行业收入迈入4万亿元大关，同比增长12%，已经成为全球第二大旅游市场。在前不久举行的2016年亚太经合组织工商领导人峰会上，习近平总书记指出："预计未来五年中国进出口总额将达到8万亿美元，利用外资总额将达到6000亿美元，对外投资总额将达到7500亿美元，出境旅游将达到7亿人次，这将为世界各国提供更广阔的市场、更充足的资本、更丰富的产品、更宝贵的合作契机，广大旅游企业需要认清形势、奋发图强，紧紧抓

住这一难得的发展机遇,以实现更好更快地发展。"为此提出以下几点意见供大家参考:

第一,旅游企业应不断强化市场主体意识。企业是旅游产品的提供者,产品质量的优劣直接决定了旅游消费者的体验,广大旅游企业依法合规、诚信经营的程度又直接决定着旅游市场的秩序,也正因如此,在旅游市场的运行中企业必须责无旁贷地承担起市场主体的责任,如果没有一大批能够提供具有很强市场竞争力的旅游产品,且合法依规、诚信经营的旅游企业,旅游强国将无从谈起。因此需要创造良好的客观环境,包括法律环境、政策环境、舆论环境,来逐步树立起企业的市场主体地位,唤醒其作为市场主体的主观意识、自觉行动、担当精神以及行为自律。

第二,把创新放在更加突出的位置上。创新是企业生存和发展之根本,是人类进步的灵魂,创新则兴,不创新则亡,这一道理世人皆知。我们说创新的根本意义就是勇于突破自身局限,革除不合时宜的旧体制、旧办法,创造更多适应市场需要的新体制、新举措,走在市场的前列,赢得激烈的竞争。

对中国旅游人来说,现在有大量的创新课题等待着我们去破解。比如"互联网+""旅游+"等,虽然这已经不是新概念,但是在一些企业中具有实际意义的实践活动仍然鲜见,比如旅游与金融的融合还远远没有到位,无论是供给链金融环节还是消费金融环节,其中的问题既有技术上的,更有认识上的。比如在旅游产业中泾渭分明的两大阵营,即以国企为代表的资源类企业和以互联网为代表的效率型企业之间,还基本上处于较少沟通、欠缺互动的状态,也就更谈不上融合共享的成果,而这些领域和层面一旦获得突破,无疑可以爆发出巨大的生产力和产生巨大的增长空间。

第三,通过持续不懈的努力,将2016年轰轰烈烈的重组并购转化为实实在在的生产力成果。重组并购自然实现了财务数字和规模数字的叠加放大,但显而易见各大集团还都志存高远,要真正实现"1+1＞2"的结果,则必须实现系统的整合、机制的整合乃至文化的整合,如果我们把重组并购后的系统数字和规模数字放大比作物理反应的话,则可将系统、机制、文化层面的整合视为化学反应,而后一种反应恰恰是重组并购后所应达到的更高层级的目标。

第四,更加关注旅游人力资源的开发与管理。行业的高速发展使旅游人才的培养、供给以及再开发都面临着严峻的挑战,这集中表现在劳动力的短缺和管理人员,特别是高级管理人员素质的缺陷两个方面。不久前某专业机构进行了一次针对中国境内知名度最高的十余家国际国内饭店集团旗下的300余家星级饭店人力资源状况的调查，结果显示有将近一半的饭店总经理不具备大学本科以上学历，普通员工流失率甚至超过90%。管理水平最高的300家饭店尚且如此，整个饭店业的人力资源状况便可想而知；人才素质相对较好的饭店尚且如此，旅游其他业态的状况无疑会更加令人担忧。

我们注意到，一方面，不少旅游企业人才管理长期处于边缘化的位置，人力资源管理从理念到方法都十分陈旧，企业不重视人、不培养人、留不住人的情况比较普遍。另一方面，旅游教育特别是高等教育与实际脱节的现象仍然没有改观，学了旅游后不干旅游、学了饭店后厌恶饭店的现象并不鲜见。任何一个产业运营中暴露出来的问题，从根本上讲都是人的问题，旅游业当然也不例外，旅游产业的超快速发展对行业人力资源供给及其专业技术水平提出了更高的要求，旅游人力资源的供给在质量和数量上明显落后于产业发展的现实，将是制约产业素质提升最为关键的要素，需要引起业界和学界的高度重视，我们欣喜地看到中国旅游教育界已经开始进行教育改革方面的探索，中国旅游协会教育分会将于明年年终举办中国酒店人才培养模式改革创新国际论坛，就是一次有益的实践。

各位领导、各位同志，在国家旅游局的领导下，中国旅游协会于2016年2月3日成功地进行了换届改革工作，实现了预期目标。在此，我要感谢各位会员单位在此期间对协会工作的关心和帮助，还要感谢包括媒体朋友们在内的社会各界对协会的鼎力协助，更要感谢国家旅游局多年来对协会工作的正确领导和宝贵支持。

未来中国旅游协会要进一步找准自身定位，紧紧围绕国家旅游发展战略大局，不断深化改革，努力实践服务行业促进发展的大政方针，践行社会型企业的发展理念，坚持以扩大行业影响力为核心，增强与会员企业的黏性和互动，要以服务作为工作的着力点和基石，以创新作为工作的要求和指南，创新工作理念、创新工作方法、创新工作模式、创新工作机制，要深入了解企业的需求，增强服务意识，让工作更接地气、更聚人气。要增加会员单位对于协会的信任和依靠，将工作做实、服务做实，切实解决行业痛点问题，力争有更大的作为。

各位领导、各位同志，今天中国旅游展示出前所未有的美好前景，让我们大家加倍努力去共同创造中国旅游更加美好的明天。

谢谢大家！

电信大数据跨界洞察与商业应用

中国电信政企客户事业部总经理　梁宏志

尊敬的各位领导、各位嘉宾、朋友们，大家下午好！

非常高兴能有这样一个机会代表中国电信与各位旅游行业的领导专家探讨大数据在旅游行业的跨界应用和一些洞察。昨天在欢迎晚宴当中也有人问我，中国电信现在也在做旅游吗？我们现在主要是通过数据分析为旅游行业做出一些应用和决策。我今天的汇报主要分三个方面，一是中国电信对于大数据在旅游行业的理解；二是我们的一些定位；三是我们在旅游产品和大数据方面的实践和探讨。

一、中国电信对旅游大数据的理解

信息时代使我们的旅游产生了巨大的变化，现在每一个人在出行之前从手机上查询信息，到旅游过程中通过手机定位，手机购物，再到旅游之后通过社交网络分享信息，可以说每一个人现在都已经离不开手机，离不开网络。在新的信息化时代，未来的共享经济以及物联网的发展，OFO、摩拜单车已经给我们出行带来了一些新的需求，包括奔驰的 smart 也有共享汽车的计划，VR 技术让我们实现沉浸式的场景体验，未来也可能是旅游行业当中一个新的商业机会。

中国电信对于智慧旅游的理解，我认为是 3C+D。第一个 C 是 connection，它是一个连接，这个连接是弹性智慧的连接；第二个是 conversation，它是一个交互的过程，我们希望它是一个自然的交互，一种人机共同学习的状态；第三个是可认知的 computing（计算能力）。有了这三个 C 加上大数据，就构成了智能，有了智能，就像我们今天看到的酒店的窗帘，如果说有了交互，有了这种行为的训练，它就可以自动开启。有了智慧的旅游，有了大数据，我们希望未来旅游行业要从被动变为主动：一是了解客户的需求，观察每一个景区人员的状态；二是通过状态分析，引导客户的需求，就像上午携程网的孙总讲到的，她们根据用户的信息来推荐更好的产品；三是未来要创造需求，能够根据需求更加精准地推送旅游产品。

二、中国电信在旅游行业中的定位

随着信息时代的变化，中国电信也在不断地转型，从信息时代到互联网时代，再到未来的智能化时代，在整个大数据当中中国电信主要做两个方面：一是希望能够给在座的所有旅游企业提供大数据，二是希望在这个基础之上能够共同打造大数据产业链，因为单靠运营商一家的数据是不能够完全涵盖整个旅游信息需求的。

作为中国电信来讲，我们的大数据有什么样的基础？首先是连接，这个连接无论是用户的通话使用行为（包括使用的终端），还是用户信息，这些我们都做了采集，任何一个人只要在我们通信网络中使用过一次，我们都会有详细的记录，通过大覆盖、多终端、多体量、高质量来完成大数据基础信息的采集。有了这样一个连接，还需要有一个能够存储计算的能力，这就是中国电信在云的架构和布局，能够为我们未来大数据的存储和智能分析提供一个很好的基础，现在我们有超过百万的物理存储和计算能力，以及1DB的存储空间，包括10TB的出口。

电信的大数据能够解决什么方面的问题？主要是四个方面：一是解决了人从哪里来，通过数据的分析可以看到你在哪，要到哪去。二是你怎么来的，可以通过基站的切换判断出你所乘坐的交通工具。三是你要到哪去玩，在这个地方你停留多长时间，在每个景点你有什么样的兴趣和爱好。四是你怎么玩的，可以通过定位信息，通过手机交易信息、导航信息来判断出游客的行为。所以我们围绕人从哪来、怎么来、去哪玩、怎么玩这四个方面开发了一系列旅游大数据的实践应用。

2015年，我们把刚才讲到的全网数据做了提取，2016年3月我们和中国旅游研究院共同发布了旅游大数据1.0的产品，旅游大数据1.0现在已经正式上线，上线以后主要实现了以下几方面的功能，包括景区客流的实时监控，流量的预期预警以及游客的构成，这当中很关键一点是，我们能知道游客的性别以及年龄段，因为现在有最严格的身份证实名认证机制，包括游客的来源、分布规律、热门景点、消费能力、停留时间，未来会更有意义，它会针对游客的目的地、游客本身来进行一些画像。同时我们还出了一些专题，比如像乡村游的旅游专题分析，包括商业引导，一个新景区开放之后对周边会有什么样的变化，下一步我们希望能够在跨界融合上有一些分析，类似于日本的樱花险，我们可以通过对大数据的分析，来提供一些景区景点的险种，还有旅游的挖潜以及更多的跨界融合。

三、中国电信对旅游大数据的应用

我们在大数据方面的实际应用主要有三个方面：一是和中国旅游研究院共同发布的五一和十一乡村游报告。二是我们给旅游景点提供了一些景区数据的指标，能够更清楚景区人流，包括它的风向标和管理效能。三是跟业界当中的一个旅游企业出台专题报告，如迪士尼乐园开通之后对周边的商业形态有什么影响。

中国电信下一步希望能够提供六种不同的模式，从我们的 SAAS 平台到数据接口，以及数据中心的一些服务，我们不仅提供一些数据产品，更希望和在座的旅游企业一起在这个平台上，根据你们的模型和你们的需求，生产出旅游咨询报告等标准化的产品甚至个性化的定制产品。我们希望旅游大数据能够支撑和助力全域旅游，现在全域旅游的痛点，通过大数据的分析，通过政府、景区和旅游企业的共同努力，都会在未来得到解决。

中国电信在整个大数据旅游方面的设想和架构，单靠中国电信是不可能实现的，我们希望能够和景区、政府管理机构以及在座的一些旅游企业家们，共同把线上的数据、线下的数据整合起来，大家以开放的心态、合作的目的，打造一个旅游大数据共同的联盟和平台，助力我们旅游企业、我们国家的旅游事业更好地腾飞。

谢谢大家！

中青旅旅游大数据应用

中青旅控股有限公司副总裁　林　军

尊敬的各位领导、各位同人，大家下午好！

感谢论坛给我们这样一个机会，来跟大家分享中青旅在大数据应用方面的一些思考。

一、中青旅集团简介

中青旅是首家在A股上市的旅行社企业，到明年我们将迎来上市20周年，公司现在推行的战略是控股型、多平台营造旅游生态圈，在这个生态圈里有我们旗下的旅行社业务、酒店业务、乌镇、水镇等景区业务，还有整合营销。

近些年公司打造了一个互联网的业务单位，叫中青旅遨游网，去年年底对线上和线下的旅行社业务进行了融合和整合。我们的融合整合主要基于两个方面：一是立足于消费者的升级，二是旅游产业全面的互联网化，遨游网是中青旅全面互联网化的一个平台，主要聚焦在出境旅游这个市场板块，从2015年的权威数据发布来看，我们在市场份额方面还是相对领先的。

因为今天的主题是大数据，这里也跟各位分享几个数据，我们的旅行社业务线上线下融合以后，有85%的业务都是出境业务，聚焦在中高端市场；客单价现在达到了15 000元以上，远远高于普通电子商务网站的客单价，客户满意度超过98%，更重要的是"80后"和"90后"的家庭出行占比超过了60%。线上线下业务一起计算，通过手机、PC包括微信成交的渗透率已经超过了50%。

二、中青旅未来业务类型

我们对于未来业务的分类,主要包括前瞻业务、核心业务和战略业务,从前瞻业务来看,供应链金融、行业级别的技术应用,包括智能服务设备等,这些跟大数据实际上是一脉相承的,也就是说大数据不仅是一个分析决策的工具,还会创造新的业态和新的盈利模式。

我们将大数据简单分成三大类:第一类是大家耳熟能详的,基于业务的经营数据。第二类是和互联网相伴相生的基于用户行为的数据。第三类是基于体验的技术性能数据。技术性能跟旅行社和旅游企业的服务是高度相关的,原来我们的服务是不能量化的,只能简单地概括为好或者不好,但是现在客户的体验数据包括技术数据,一个网页打开的速度,一个产品展示的速度,它可以量化我们服务的质量,所以这一类数据对于大数据来讲也是值得我们关注的。同时我们也不认为大数据是神秘莫测的,脱离于我们的理性而存在,实际上我们做好各类数据的监测工作,本身也是非常有价值的,也是大数据的一种应用。

和大家分享下我们公司首席数据官总结的三句话:一是固定的不只是报表,还有思维,也就是说原来我们的数据是格式化的,比较呆板,但现在我们强调的是动态数据。二是中断的不只是工作,还有思考,原来我们为了挖掘数据要放下手里很多更重要的工作,但现在由于有移动互联网,数据可以是连续发布的一种状态。三是提升的不只是性能,还有视野。

大数据的使用有两个重要特性:一是基于使用权限,二是基于使用场景。从权限的角度来讲,不同公司内部的场景或者板块,对数据有不一样的需求,比如运营层,以往包机或者包船的业务在没有大数据之前相对是凭经验多一些,现在我们可以利用以往的成交数据,来分析一个大项目的采购规模,包括销售的进度应该怎么样安排更合理,这就是经营层对数据的一种使用。从场景的角度来讲,比如我们建立的客户管理系统——CRM系统,不同的人员有不同的使用数据的场景,包括促销和销售应用。这里我们有一点想法,大数据不止属于领导和决策层,更多的是属于在一线能够接触到客户,为客户服务的员工,带给他们的价值实际上是更大的。

旅游业务或者准确地说旅行社业务,本身就是在整合数据和信息,以往由于缺乏大数据的支撑,很难为客户提供一个满意的解决方案,现在借助大数据工具，可以做到以下两方面的提升：一是行前个性化的规划和定制，这就建立在大数据海量分析的基础上。二是在行程当中基于位置的服务，即 LBS，这些场景将会成为大数据未来应用的主要领域。

以上是中青旅在大数据应用方面的思考，也希望得到大家的指正，希望跟大家交流。

谢谢！

数据是下一个宗教

景域国际旅游运营集团董事长、驴妈妈旅游网创始人　洪清华

尊敬的戴院长、各位领导、各位同人，大家下午好！

今天我要跟大家分享的是"数据是下一个宗教"。有一本书，我觉得值得所有人读三遍，这就是以色列的一位历史学教授写的《人类简史》。他不仅说了人从哪里来，还说了我们未来走向哪里，以前我们都问上帝我们应该怎么办，接下来我们应该问数据我们应该怎么办。数据是一个新的能源，我们今天还是一个资源的时代、能源的时代，但这个能源已经不是石油了，是我们的数据，未来是数据化连接的时代，尤其是跨界数据，最有关联性的数据才能产生跨界连接，才是真正的"石油"。

亚马逊旗下的kindle未来可以根据读者读书时候的表情，根据读者喜欢的词语，根据读者所有的习惯等来告诉读者他需要娶什么样的媳妇，这就要依靠它背后的大数据平台。数据才能真正改变所有企业的经营方式，以前我们的企业是连续的、稳定的、可预测的，今天所有的企业都是跳跃的、混乱的、不规则的，是关联的支持。大数据不只是大，很多人认为大数据就是大，现在大数据有23个关键词，它牵涉到海量、物联网、人工智能、价值挖掘、流程优化、千人千面、跨界等，这些才能真正成为我们的大数据，它应该跟什么有关呢？应该是样本要全，样本不清楚就是无效的数据。大，要有决策、有预测，大数据要能够千人千面，要有流程优化、生态竞争、跨界、资源，这样才能成为大数据。大数据跟旅游的关系主要体现在以下四个方面：

第一，数据已成为全新旅游营销创业的表现。驴妈妈做了一个"翘班节"，因为我们的用户绝大部分都是白领，所以他们压力都很大，我觉得效果很好，今年我们做了第一届，明年还会做第二届，我们针对的人群主要是25~38岁，占53%，整个"翘班节"营业额翻三番。

第二，数据已成为旅游产品服务创新的核心体验。这是有史以来第一条能读懂情绪的裙子，在座的各位看到这条裙子的时候情绪都不一样，你是什么样的情绪，上面的 LED 灯就表示什么样的颜色，这才是大数据，它有 100 多个 LED 灯在上面，通过互联网，通过多种多样的智能嫁接来显示欢乐是什么颜色，激动是什么颜色。西班牙经济不景气，所以很多人不愿意掏钱去剧院，最后剧院让你免费进去，但是你笑多少次，就让你付多少钱，顾客如果不笑就说明没有达到效果。

现在体育旅游占到中国旅游总收入的 5%，在国外体育旅游占到 20% 左右，所以我们大量的数据可以用在体育上，以前很多 NBA 明星是天才，未来很多明星也要靠数据来成就他。驴妈妈推出驴悦亲子游，是因为各项数据充分显示，在景区为核心的旅游中，亲子游占主导地位的景域集团开发了一个网红酒店，叫帐篷客，3000 多元一晚上，要提前一个月预订。第一家网红酒店中，85% 的客人来自亲子游、情侣和朋友相伴出行，他们最喜欢订的帐篷酒店都是两室一厅，单人间大家都不太喜欢。在这样的前提下，我们以美景为核心设计酒店，每个游客如果拿着手机到帐篷客没有拍 18 张图，就说明这个酒店失败了，现在 75% 的用户都发朋友圈引导其他人来。第二家帐篷客在阳澄湖的亲密岛上，这里绝大多数房子是两室一厅，我们发现很多明星到这边住，不想谈生意，不想谈工作，就是几个朋友住在一个大的帐篷里面，晚上打打牌、聊聊天，这才是他们来的真正目的。他们喜欢野生，我们就设计野生餐厅，他们就喜欢在这里吃这样的野餐，他们喜欢有风情的酒店，他们希望能有丰富的活动，所以我们客房收入只占到 50% 左右，大部分都来自文创产品和旅游纪念品。我们在安吉开发安吉三宝：白茶、竹笋、土鸡蛋。安吉白茶在我们开业之前只卖 1000~1200 元一斤，现在卖到了七八千元一斤。

我们在第二家、第三家、第四家帐篷客酒店会增加亲密花园，会增加教堂，会增加飞天狐冒险乐园，让客人来消费，让他们三四天都玩不完，所以中国旅游从景点旅游进入全域旅游最根本的核心是进入了美宿时代，以酒店为核心才能有一个真正的度假，这才是一定要去发展的，跟着酒店去旅行，为一间房，赴一座城，为一间房，赴一座岛，这才是中国旅游根本性的转变。

第三，数据已成为旅游营销创新决策的核心。大数据显示"80 后""90 后"喜欢井柏然，喜欢《微微一笑很倾城》，喜欢《盗墓笔记》，他们有影响力，所以就选择他们作为代言人。我们今年给黄山送了 200 万人次的游客，前年才 20

万人次，去年才 104 万人次，今年就有 200 万人次。大数据发现，我们的用户大部分都是白领，都喜欢自驾游、自助游出去玩，所以我们做了大量的活动，帮黄山做营销策划，帮助做各种品牌推广，策划万人自驾活动，所有的陌生人一起自驾出游，旅游已经成为一群人出去玩。

第四，数据已成为智慧旅游的建设核心。中国旅游从传统旅游到电子旅游，再到数字旅游、智慧旅游。智慧旅游其实很早就被提出来了，但最早还是旅游的信息化，再是数字化、智能化，到今天才真正成为智慧化。互联网正在改变人类，它表面上像是一张网，实际上是数据，只有数据才能真正对传统产业产生更大的价值，挖掘传统产业的价值就要靠数据。智慧旅游不单是为企业做的，为政府做的，或者为游客做的，一定是这三个主体的完全融合，所以大数据助力智慧旅游，可以提升服务的人性化、营销的精准化、管理的精细化和产品的定制化。

谢谢大家！

为行业做"增量"

美团点评酒旅事业群 CMO 于 迪

大家下午好!我是美团点评酒旅事业群的 CMO 于迪,今天给大家分享的主题是为行业做"增量"。

美团点评 2010 年就成立了,但是从去年才开始做旅行的板块,当我们开始做的时候,很多媒体记者都来询问,现在行业里面已经有很多企业在做这个,为什么你们还要再去做这个部分呢?首先这跟我们自身的成长路径比较相关,我们是做餐饮起家,发现传统的 OTA 对旅游行业的在线渗透率还是非常低的,很多数据报告都发现了类似的趋势,包括 360、旅游研究院、易观等数据,其实 OTA 的在线渗透率也就百分之十几左右。第二是看中国的高星级酒店,它们的收入来源构成比最高的也只有 51% 左右来自住宿部分,其他收入都来自餐饮、SPA 康体等这样一些板块。第三是看景区的收入构成,如果景区的收入构成依然以门票为主导的话,势必形成发展的瓶颈,我们发现传统景区 80% 的收入来源是门票和索道,该如何突破门票经济,突破门票的瓶颈呢?所以说美团点评的旅游事业群是希望能够根据产业链,和所有的商家一起把这块蛋糕做大。

一、美团酒旅事业群简介

大家可能对美团会比较了解,但是对酒旅事业群还不是那么熟悉,我们成立了一年左右,但是我们在里面的交易、用户的黏性以及行业全景的覆盖方面都达到了一定的高度。酒旅事业群到目前为止覆盖了四个业务板块,包括大交通、境内度假、境外度假和酒店住宿,根据我们目前的状态,如何与各位同人一起把这个行业的蛋糕做大,这是要考虑的事情。

根据后台的数据分析和中国旅游研究院的数据报告，我们发现休闲度假已经成为行业第一大旅游经济来源，也是受众群体的第一选择，这样的变化所带来的影响是什么呢？就是传统所说的深度游，比如说在一个地方停留的时间变长，以散客和家庭出游的比重会更大，重游率会更高、消费能力会更高等。

二、美团酒旅事业群的增量业务

根据分析我们准备把这种增量做成两部分：第一部分是用户的增量，我们的用户群体相对来讲比较年轻一些，"90后"居多，还有"85后"，这部分群体经过了之前的大学生或者是刚刚毕业的白领阶段，在未来的五年乃至十年中，他们的消费能力会极大地增强，而且他们对于新IP、新技术的应用和体验黏度会更高，倾向度也会更高，今天在座的各位同人也都分享了这一点。

《好奇心日报》今年公布了年轻人在旅行方面喜欢的一些要素，他们对于年轻人的分析在某些程度上印证了我们之前数据挖掘的结果。一是他们比较在意个性化。二是他们比较希望到一个地方旅游的时候变成当地人，不太愿意去看传统的攻略，而是去看哪个地方老年人排队比较多，他们反而会愿意在这个地方排队，购买当地的一些产品，这些都能反映出现在年轻人旅游的一些趋势和倾向。三是他们比较注重品质化。

第二部分的增量是做品类的增量。美团是在餐饮和本地生活这个部分起家，旅行无外乎就是把用户由本地生活迁移到了异地生活，异地生活就是当地人的本地生活，所以我们期待能把这种思维的转化构建在大交通、住宿的基础之上，把本地、异地来回切换，在服务好本地生活的同时，就在某些程度上做好了异地旅行的场景。

三、如何做增量业务

一是生活相关的供应链整合，大家应该都有过出境游的经历，在出境游的时候使用最多的前三位APP是微信、谷歌地图、大众点评。大家到一个地方现在已经不怎么做攻略，但是会习惯地打开大众点评来查一查当地的餐饮、KTV、电影院等，这个就是趋势上的变化。到目前为止我们已经覆盖了全球将近900个城市，以及2000多万商家，正在跟他们建立合作关系。我们好像一直在做着旅游行业"之外"的一些事情,但是这个之外是打引号的,我们希望通过在这种"之外"生活上的一些合作,为游客的异地生活提供更多的服务。

二是希望能跟着商家,帮助商家提升他们的运营效率。我们在与全国大量的酒店合作的过程中,发现它们只有50%,最多有52%的收入来自住宿收入、房间收入,因此问题是其他的50%该如何帮助它们进行调动,包括我们该如何做餐饮。所以我们自己创造了CD模式(见图1),C是指交叉,我们会把住宿、酒店的品类进行交叉,尤其是高星酒店内在的消费系统,允许商家在我们的平台上自主上单、自主变价、自主营销等一系列行为,这样的行为给商家极高的权益和权力,通过这种行为商家也可以依据他在后台的大数据以及每个地点淡旺季的优势,自动地调节产品的价格以及营销方案。

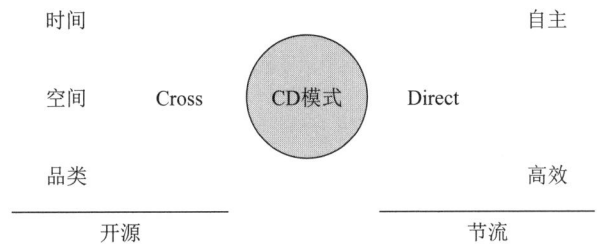

图1 酒店业务成长"CD模式"

门票在旅游行业是一个偏弱势的板块,因为门票属于标品化的商品,这种一个标品化的商品利润率非常低,在利润率低的情况下我们该怎么做呢?只有提升效率,不提升效率是没有太多利润空间可言的,在一个大客户基础的流量平台之上,通过流量的运营以及系统的研发,是有机会把这部分的营销效率提升起来的。

住宿到目前为止运营了一年,今年十一的时候突破了80万~100万元/间夜,在今年8月和10月都已经超过了1300万元/间夜,预计今年会超过1亿元的间夜量。境内度假门票在去年就已经突破了5000万张,预计今年应该会有8000万张门票,现在已经覆盖了2800个市区县,这些都来自刚才说的用户增量以及品类增量这两个增量的贡献。

三是做增量的平台。我们会依靠创新的产品运营矩阵,在上面更多的是美团点评在平台上可以覆盖的商家和板块,在下面更多的是依赖于旅游大数据服务,现在美团点评上面用户群体大概有6亿人次,全年在APP平台上进行消费的用户大概是2.2亿，这样的数据该如何去更好地运营？我们线上的平台商家也超过了几百万家，国内的有480万家，该如何进行大数据的分析？我们把这两部分通过大数据的流量加上精准的营销，再加上创新科技研发投入，进行对接，希望通过直签平台或签约货架交易流程规则上的改变，帮助商家提升运营效率，帮助用户提升出行体验。

在线旅游行业的下半场，我们期待可以通过三个方面来实现：一是希望提升自身的服务效率。二是创造新的价值，并不是说跟传统的旅游行业和传统的OTA分享蛋糕，而是希望创造一些新的行业价值。三是希望能进行差异化创新能力的续航。通过这三个方面，再加上我们本地生活与异地生活平台的诉求，期待可以打造成一个一站式的旅游生活服务平台。

谢谢大家！

大数据的未来,做旅行者的大白

腾讯政务旅游总经理　舒　展

大家下午好!

非常高兴有这个机会跟大家分享腾讯这两年在互联网发展中的一些战略化思考,以及我们未来在旅游和大数据应用方面的一些想法。

在 BAT 三家企业里,腾讯最大的优势就是用户,全国排名前 10 的主流移动 APP 可能有 6 位来自腾讯,前 20 位的移动 APP 可能有 10 位来自腾讯,这里面不仅体现了用户量的大小,也体现出腾讯在数据收集、数据行为方面有很多大数据的基础。腾讯五大核心产品如图 1 所示。

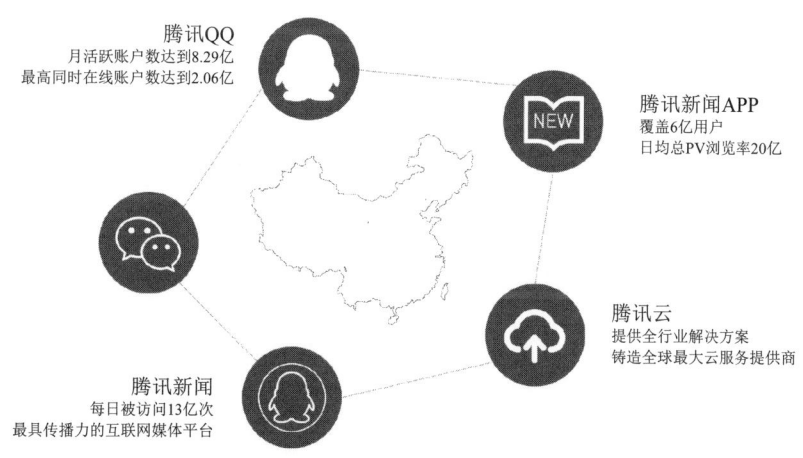

图 1　腾讯五大核心产品

微信和 QQ 两款社交 APP,以及腾讯视频和腾讯新闻,在移动 APP 里面都有上亿用户的覆盖,它的日活和月活用户都上亿。腾讯这几年慢慢地从一个 2C

的公司开始把战略往2B和2G转型，这是腾讯这几年发生的一个非常大的变化。2015年，我们提出"互联网+"连接一切，是基于腾讯这几年的思考，在移动互联网到来，特别是微信崛起以后，我们通过2013年、2014年大量地跟2B的相关合作，发现了这样一个机会。2015年初，配合国家战略，腾讯开始做"互联网+"，从2C走向2G和2B的服务。

以前我们提倡的是我见到你的时候我们是在手机上、电脑上、终端上，我见不到你的时候我们在路上，但是现在我们需要更多地跟行业合作，需要跟我们的客户、跟政府、跟各行业的人见面，在线下沟通，这样才是连接一个2B的时代。在这个年代可能腾讯的占比发生了变化，我们做连接和内容，从旅游的角度来讲也是一样，在连接和内容这个角度腾讯能做什么？今天主要分享关于数据这一块的，更多的是从连接这个角度，而关于这两年提出的泛娱乐和IP化的一些思想，有机会我们再从内容层面跟大家沟通。

从连接这个角度讲，腾讯现在存在服务器上的相关数据有1000PB，相当于15 000个图书馆的数据，QQ空间每天分享的图片大概有5亿张，总量已经到6000亿张，跟现在最主流的Facebook的图片传输量是一个量级的，腾讯经过了18年在社交领域的积累，已经形成了强大的大数据能力。

我们对于大数据的理解比较简单，也不用太复杂地去讲它，就是把腾讯自身以前作为内部服务的能力开放出来，自然而然产生了腾讯大数据的服务能力。结合前面嘉宾所提到的，大数据怎么去做，什么样的人能去做大数据，在这个阵营里面，真正拥有数据和不断产生数据的企业，才有可能在这个时代走到大数据平台的前沿。百度在搜索领域的数据、阿里在电商交易方面的数据以及腾讯在社交用户端产生的数据，最有可能产生相应的大数据平台，所以我们也不断地把自己一些底层的能力对外开放和分享，形成了腾讯在大数据方面的一些思考和能力。

除了数据的积累，腾讯还有一个超级ID账户，我们有一个账户体系是QQ，QQ后来做了一个Open Id，有亿万的用户都在使用我们的账号体系，后来又推出了微信，组成了我们账户和人的识别体系。在微信和QQ两大账户体系的前提条件下，第一我们可以精准地识别人，识别他的行为轨迹。第二我们也给他贴了很多标签，加起来有几万个标签，进一步分析他的行为。我们在试行电子身份的应用，把虚拟账户和电子身份等相关信息进行验证以后，能得出更加真实的用户行为，大数据除了拥有大量的数据之外，也要有对用户的识别，才有可能进行下一步的动作。

从腾讯旅游的角度讲，我们希望在连接和内容基础上助力整个旅游产业和旅游行业的发展。我们可能不会像阿里那样去做一个飞猪，请实体化的公司去卖票，但我们希望在内容、服务、产业三个层面和政府管理部门，与相关的景区企业共同发展。在"互联网+"时代，从内容的角度要做的是：一是怎样创立优质的内容；二是怎样基于服务让更多好的内容能够呈现在平台上，包括大家提到的智慧旅游，现在的大数据运用，可能都在里面；三是如何整合产业链，从产业跨界来讲，腾讯愿意跟更多的伙伴共同来做，包括数据的分享也是一样。

去年腾讯跟国家旅游局信息中心探讨，未来在旅游发展中大数据会产生巨大的影响，所以我们跟国家旅游局信息中心有一个签约，今年6月16日第二届"互联网+"峰会上，也开了一个互联网+旅游的分论坛，跟八个省的旅发委进行了战略签约。最近可能在江西会有第一个省签约之后整体行为的落地计划，12月中下旬可能会在江西省举办一个落地大会，把各地市景区和相关企业都聚集在一起，共同探讨腾讯从内容服务到产业层面能做什么。

我们在不断地做一些产品的尝试，包括像景区智慧化管理和直播领域，腾讯旗下现在拥有七款直播平台，针对不同场景、不同人群、不同方式，包括景区的慢直播，都是通过云端的方式来实现的，我们在O2O领域也有一些产品链的合作。龙门石窟是去年"互联网+"战略一提出我们就开始做的第一个案例（见图2），可能跟我们做2C业务不一样，做一款产品不是马上让一级用户去用，这个时代更需要从它的业务理解、行业理解到最初的线下，包括到内部体系的打通。从这方面考虑，我们选择了龙门石窟进行合作，这个合作不是静态的，而是动态的，是不断迭代的。去年我们在很多层面进行了相应的合作，包括节省游客时间，在文化创意、景区管理上，都有相应的一些尝试，也形成了一整套的模式。这样的案例我们不断地在做，最近跟四川的一个旅游投资项目也进行了全方面的合作，我们希望通过从服务整体切入来看旅游投资的项目应该怎么去做。

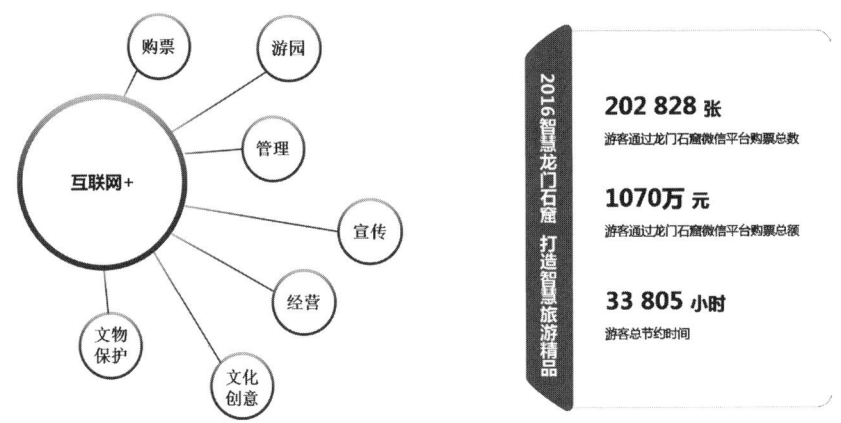

图 2　腾讯智慧旅游案例

在大数据方面，大家都关注数据从哪里来，从哪里收集，谁主要拥有数据，很多景区、旅游集团、互联网公司、移动通信公司、政府，都有数据，有了数据以后，就要对数据进行相应的分析和理解。而腾讯对于大数据的理解，对于大数据未来的探讨和思考是什么呢？我们希望越来越智能化，就像今年AlphaGo围棋大战一样，我们更加关注语音识别、人脸识别、机器算法等的进步，在这方面拥有大数据仅仅是一个开始，刚才讲到的互联网下半场对我们来说可能就是对于智能互联网的探索。

除了拥有这些数据，我们也希望未来在大数据的前提下可以产生智能化的产品。简单说可能是一种助手，但是我们可能不用助手来形容，因为助手给人的感觉只是提高了效率，更便捷，让生活更加简单，我们叫他大白。我们希望这种大白是一种通用化的 AI，或者到人工智能的时代，因为人工智能是基于云计算和大数据产生的，我们希望在这里通过对大数据的进一步研究，能够形成腾讯所说的通用 AI，去制造每个人心中的大白。对于旅游，从决策到每个旅游应用，都能够智能化地进行分发，给游客相关的建议。如果把它人格化，从老人、小孩到成人，它应该会给游客各种不同的服务，这是我们在未来对于大数据应用探讨的一个核心方向，不仅是在旅游行业，在各行业其实都在试行。我的分享就是这些。

谢谢大家！

旅游大数据的价值挖掘

科大讯飞大数据研究院副院长　谭　昶

尊敬的各位来宾，大家下午好！

今天想为大家介绍科大讯飞对旅游大数据价值挖掘的理解和已经做的工作。简单介绍下科大讯飞是一家什么样的企业。科大讯飞是目前国内唯一一个人工智能方面的上市公司，在智能语音以及人工智能方面积累了比较丰厚的经验，我们的语音合成以及语音识别技术，大家可能不一定听说过，但是如果使用过高德地图的语音导航，给三大运营商或任何一个银行打过客服电话，你有可能就是科大讯飞的用户之一，当然有些用户的手机上面可能还装着讯飞输入法，包括华为语音助手，这些语音功能的 APP 也是我们提供的技术支持。

有人会问，讯飞作为一家人工智能的企业，你来谈什么大数据呢？首先我们要解决一个问题，人工智能、大数据以及云计算这三个浪潮之间，三个 IT 的新技术之间到底有没有联系。云计算是无所不在，大数据是无所不知，而人工智能就是无所不能了，这三个 IT 技术之间有没有什么联系和共识呢？我们要回答，实际上是有的。

讯飞是做人工智能起家的，现在语音识别的模型可以达到 97% 的准确率，你说 100 个字，机器能听懂 97 个，怎么做到的？机器需要学习什么样的东西？它需要有一个深度神经网络，我们都已经听说过深度学习模型、强化学习模型，把它用 10 万小时的语音甚至是 20 万小时的语音来训练，这样一个模型经过训练之后它可以听懂 97% 的文字。这样的模型放在一个什么样的环境之下可以提供服务呢？我们把它放到了讯飞开放的平台上，每天为大家的讯飞输入法、手机助手、语音识别能力提供 30 亿次服务，这 30 亿次服务的准确率都要在 97% 以上。

人工智能是用海量的数据训练的，训练出来的模型在一个开放的云环境下面提供服务，收集到的数据让人工智能模型变得更加精准。未来的信息化服务是在海量数据的基础上进行自我优化的，在日常生活中能够触手可及的智能化服务，才是真正的信息化环境管理所需要的。

大数据在信息化服务过程中怎样产生价值？我们把它分为四个阶段：首先是统计查询，刚才有很多旅游集团的老总都提到了，说我们在建设大数据平台，我们的大数据平台可以保证每一个人都能看到他所需要看到的报表，报表就是最基本的统计查询数据的处理能力。其次是识别，为什么要识别？一个人来了，我要知道他是谁，这是识别，一辆车来了，我要知道车牌号是什么，这也是识别。再次是理解和搜索，我们常常讲人工智能的层面其实就在这里，我说今天的天气怎么样，它知道我在东莞，就说东莞的天气很好，我问它北京要不要穿棉袄，它会知道我问的是北京的天气怎么样，这是理解。最后是预测，我要找一台超级计算机问它未来30天之内中国有没有寒流，这是天气的预测，当然也可以简单一点，我问一小时之后黄山的人流量会不会达到预警的峰值，这是旅游里面的预测。这些工作从最简单的层面（查询事情、统计数据），到最复杂的层面，要比人想得更远、想得更多，这都是在进行大数据价值的挖掘，挖掘的过程离不开人工智能，离不开机器学习的能力，离不开图像处理、自然语言理解以及语音识别的能力。

迅飞作为一家人工智能企业，在旅游方面也做了一些实践和尝试。我们专门成立了迅飞爱途旅游电子商务公司，它最主要的业务就是用人工智能的手段、用智能化的服务、用大数据的能力、用数据处理加工整合的能力，为全域旅游提供服务，怎么做这种全域旅游呢？我们已经在安徽黄山以及九华山两个全国知名的景区，实际上不仅仅是景区，我们是在这两个景区所在的两个地市做了全域旅游大数据中心，用全域旅游大数据资源为所有的游客提供精准化、智能化的服务。

旅游大数据的服务包含哪些部分，大家第一反应是服务一定是为游客服务的，但我们做的是技术，技术是为谁服务的？技术的服务对象有三种（见图1），一是政府，全域旅游是由政府来引导、支持、决策的，政府的决策是不是应该基于数据？这些数据从哪里来？这些数据怎样分析、怎样加工、怎样理解、怎样决策？二是旅行社、旅游集团、景区，它们要知道游客需要什么内容，要为游客提供什么样精细化的服务，这些服务最后能为它们产生价值。三是游客，游客是最终的消费者，政府的税收、旅游集团的营收，最终来源于游客的消费，游客为什么愿意为旅游服务埋单，这种埋单怎么样才能让他玩得开心、玩得爽，还愿意回头，这个过程我们要做个性化和资讯服务，离不开大数据的支持。

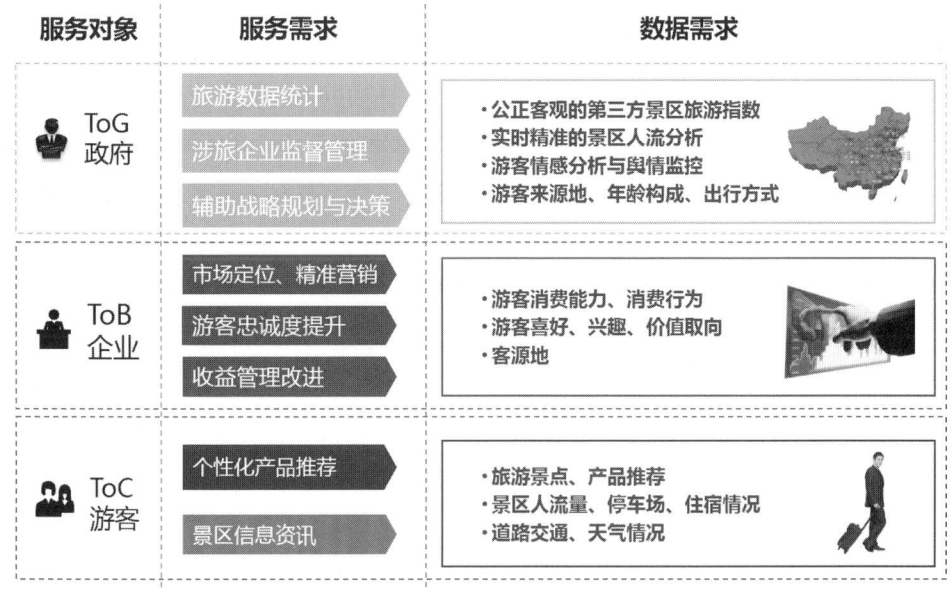

图1　旅游大数据的服务和应用

旅游大数据从哪里来？我听到很多人说每个旅游集团都在收集大数据，但是我说这个大数据不能被称为真正的大数据，因为你收集的是你企业内部的一点点数据，那些数据实际上是你用杯子从大数据的海洋里面端了一杯水出来，那一杯水就是每个企业的数据，真正的数据在哪里？真正的数据还要回到游客身边去找，游客的身边有哪些数据？这些数据来源于互联网，来源于手机这样的移动终端，来源于线上的旅游服务，来源于企业内部的数据整合，来源于政府拥有的数据。只有把旅游行业内部的、企业内部的和旅游行业外部的数据做一个非常彻底的整合和融合，我们才能够真正拥有旅游方面的大数据，才能谈得上旅游大数据的价值挖掘。

我们做大数据的价值挖掘，最核心的一点是以游客为核心，谁掏钱，谁埋单，我们就为谁服务。政府在服务里面是最关键的一个角色，政府要决策、政府要支持、政府要投入，每个旅游集团在当地，在任何一个城市里面，实际上只做了一点点的工作，你的景区，你的集团，你的公交线路，很多东西实际上是由政府在背后提供支持，政府是最合适去整合全域旅游大数据的。

我们已经看到很多景点之间的关联性以及景点关联营销的工作，但是使用的数据往往是片面的、有偏的、有误差的，怎样才能够得到全量的数据来做这个工作？一定要把景区所有的数据整合起来做这件事情。我们整合了运营商的数据，通过手机号码判断用户的轨迹，我们整合了基于身份证的刷卡数据，基于银联卡的刷卡数据，知道他在哪里买了票，他在哪里购买了服务，整合之后得到了一张图，如西递和宏村之间就有非常紧密的联系，这种紧密联系可以指导我们开展更加有效的旅游关联服务，提供由一个核心景点带动很多关联景点的服务，把全域旅游从一个景点变成一个城市，变成一个地区。

游客玩得好、玩得不好，我们要做哪些工作？这个工作需要第三方，需要政府公平公正的监督和管理。为什么要进行这样的监督和管理？景区出了什么问题，出了问题以后游客第一选择的渠道是什么？他可以在政府网站上投诉，可以通过客服电话投诉，可以在互联网上发一篇游记、发一个帖子，这些是自然的语言。"这个房间真贵"，"这个房间贵得很值"，两句同样的话都带了贵，难道都在评价同一个商品的价格太高了吗？一个是说贵得不值，一个是说贵得很值，这样的语言怎么样理解？人工智能中对自然语言的理解把这个问题解决掉，解决之后你可以拿到一个分析报告，城市里面景点服务怎么样，交通服务怎么样，住宿服务怎么样，这个报告可以为城市旅游产业的进一步改进和发展提供参考。

谢谢大家！

市场快速变化,用户驱动企业成长

易观总裁 刘 怡

尊敬的各位领导、各位嘉宾:

大家下午好!

感谢戴院长的邀请,今天有机会跟大家分享我们是如何利用大数据帮助旅游企业更好地认知自己的用户,更好地挖掘用户的价值。

易观成立于2000年,一直专注于互联网研究和分析,我们过去是用分析师研究创新产业,具有一些前瞻性,提出一些更前瞻性的趋势,比如2007年推出互联网化,2012年首推"互联网+",很高兴三年之后"互联网+"已经成为国策,而且所有行业都积极地利用互联网来提升产业效率。

过去还能用人做分析,更多地去做产业级的、市场级的分析,很多人在这里面扮演重要的角色,但是随着市场越来越成熟、越来越精细,我们发现靠人就不行了,得靠数据,所以从2012年开始,易观建立了自己的大数据体系,在几个大数据体系当中,我们今天最为成熟、商业性最强的是用户大数据,基于这些数据我们可以进一步地去分析产品和用户。

大数据来了,第一个颠覆的就是旅游行业,未来分析师这个行业很有可能全都被机器人所替代,所以我们要积极地去变革自己,在部署大数据的过程中也有很多的坑,这些年带着团队在构建技术中蹚了不少的坑,有机会的话也愿意多跟大家分享一下。

关于大数据和小数据,简单地说,小数据是给人用的,大数据是给机器用的。大数据和小数据有天然的本质差别,我们在做企业决策的时候,原来都依托小数据,为了推进产业决策和战略部署,更多的是用各种数据来支持验证我们的假设,相应地往下去推进,这些数据的产品本身就来自我们的假设命题,有针对性地进行收集,所以它的针对性很好,但是它的延展性很差。大数据不是为了人的使用而产生的,它是在日常的运营中点点滴滴积攒起来的,它产生在先，人理解它在后，所以今天大数据产生了无穷无尽的发现，人只能理解其中很少的一部分，可能连1%都不到，即便如此，也已经产生巨大的价值了。所以未来在相当长的一段时间里，大数据的价值取决于人是否有能力进一步地去理解它，进一步站在自己专业的角度把数据解读成为我们进一步决策的依据。

大数据将实现在预测上的价值，它使人类可以预测一年、预测一个月乃至预测下一分钟、下一秒钟，这种价值将会是大数据更大的价值。近几年GDP增速不断地放缓，而在过去的十年中，第三产业对GDP的贡献率已经成为主体。中国旅游业互联网发展进程得到了快速推进，从早期完全是由互联网企业所驱动，到近些年，特别是2014年之后整个传统企业成为主力军。今天我们也很难直截了当地去区分线上线下的企业，因为大家全都是融合性的，全都用互联网去武装，把实体经济在虚拟经济里面二次变现。在这个过程中我们也看到，在线旅游市场占比越来越大（见图1），现在突破了10%，对于很多行业而言，用户渗透率超过5%将会出现一个拐点，整个交易规模占比超过10%又是一个重要的拐点，这些都告诉我们在线旅游行业未来将会有一个非常大的增长。

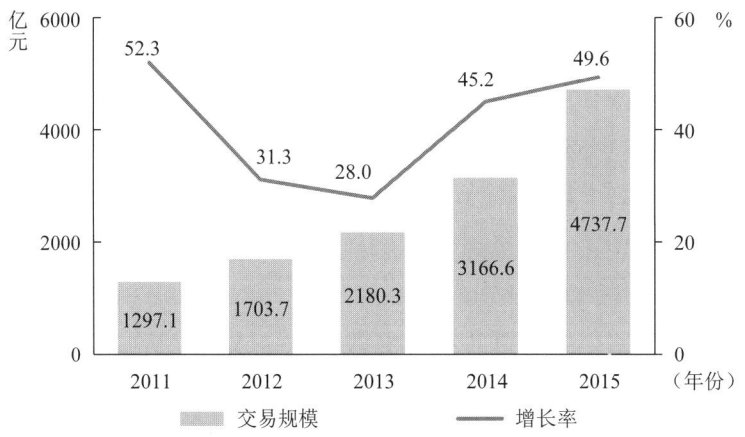

图1　2011—2015年中国在线旅游市场交易规模

2014—2015年，在线旅游移动端收入占比远超PC端（见图2）。在移动互联网时代，在线旅游得到的收益会更大，最根本的原因还是移动互联网对整个消费者需求的挖掘会更大，一方面是移动使人真正的需求得以释放，PC端时代，消费者可以较大限度地去满足自己的消费需求，但是会受位置所限，要在PC端下完单才能去别处旅行，而移动互联网让消费流程更符合人性，第一次人成为真正的上帝，所以需求得到最大化的释放。另一方面是移动互联网唯一的账号管理使用户可以真正被识别，也能让企业最大化地捕捉到用户、追踪到用户需求，并且能够大规模定制化地去推送更有价值、更匹配用户需求的服务，满足用户需求。当这些成为可能时，各种各样的商业模式将得以快速成长，所以今天讲的各种创新都基于这个大的背景，基于技术和大数据平台才能得以实现。

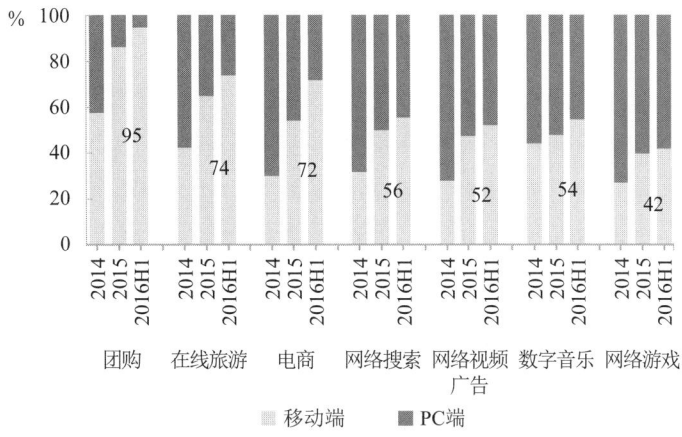

图2　2014—2015年互联网行业收入规模PC端与移动端占比情况

但是移动互联网的人口红利已经基本结束，未来它的增速会变缓（见图3），而且下降得非常厉害，再往下发展是什么呢？跑马圈地时代结束后，精细化运营将是我们非常看中的一点，未来旅游业的高增长将源于用户价值的深度挖掘，这个深度挖掘主要体现在三个方面：

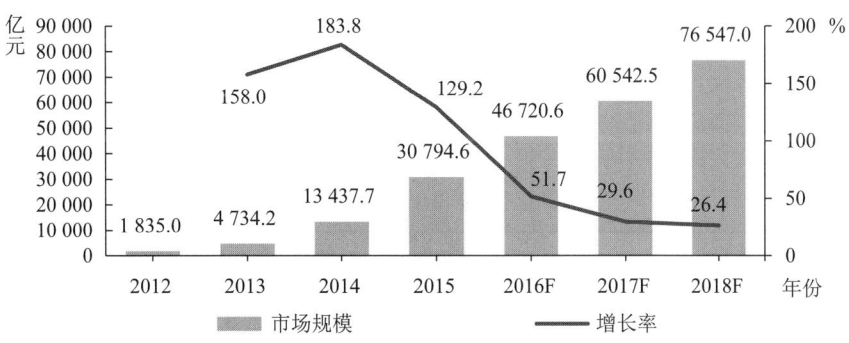

图3　2016—2018年中国移动互联网市场规模预测

第一，用户生命周期管理。生命周期的第一个阶段，消费者还没有成为真正的用户，企业工作的重点是精准营销。在这个过程中企业有三大抓手，一是找到合适的用户，高价值的用户，更匹配企业需求的用户。二是找到高效率的渠道，完成这个转化。接下来要做的事情是把用户价值在有限的生命周期内进行提升，无论是交叉销售还是频次提升，把用户价值提升上去。三是延长用户生命周期。无论是提升价值还是延长生命周期，都必须围绕用户做深入分析，围绕现有用户还未被满足需求的挖掘，可以提升用户价值，所以无论是拉新还是留客，都是用户生命周期管理中非常重要的几点。

通过对2016年前10个月旅游行业用户的匹配分析发现，旅游行业用户和家居家装有非常强的相关性，同时和电商也有非常强的关联，在婚恋交友、阅读工具这些领域的渗透率更高，在应用商店、移动音乐、综合视频这一块，旅游用户的重合度和覆盖率也更高，所以不同渠道或不同特征的行为和旅游用户的关联性差异是非常大的，通过分析可以把高效的渠道识别出来。

第二，用户价值管理。有一类企业是资源驱动型企业，如果有了旅行社，或者有了其他资源，该如何去拓展？也有一些企业是依托用户属性进行业务拓展，这样一来，在拓展过程中对用户价值的识别就非常重要。我们将途牛的企业用户价值和行业用户价值做了对比，把用户价值分成四类：消费价值、媒体价值、娱乐价值和应用价值（见图4），不同类型的人在不同方向上花的时间和金钱不一样，通过分析，发现途牛的用户消费价值非常高。进一步分析会发现它的特征非常明显（见图5），跨境电商、奢侈品商，这种高消费能力是过去10个月这个企业的用户标签，通过用户价值分析，无论是业务拓展还是对用户需求的满足，企业都可以投其所好，有针对性地为用户提供服务。

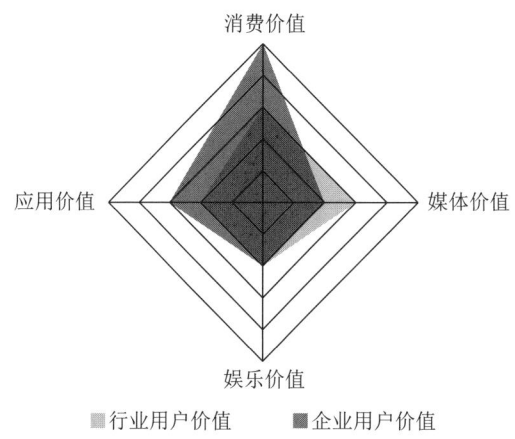

图4　某旅游企业用户价值与行业均值蛛网图

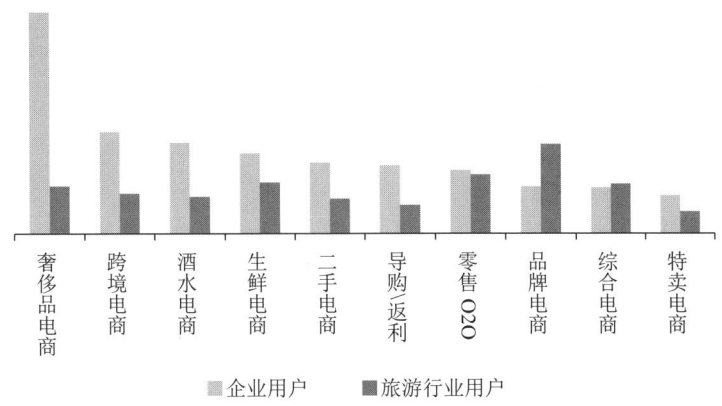

图5　某旅游企业用户在消费价值场景下的TGI

第三，用户资产管理。未来企业将具有以下几个特征：一是拥有数字化的智能交互界面，不管2C还是2B，都需要智能化的交互界面，2C程度更甚。二是必须要更重视自己的数字用户，有更好的挖掘能力，用户不再是资源，更主要的是资产，所以每一个企业都将拥有数字用户社群和用户资产。三是算法驱动业务流程，当数据整合好了以后，算法将会逐步发挥它的作用，算法不仅是围绕着用户管理、用户运营所建立的算法，未来会延展到很多新的业务模式和其他的主要业务流程中，因为用户将成为企业决策的唯一源头，数据将成为业务流程决策的供给源。

未来的企业大多具有上述特征，所以更多的企业把数字用户作为资产进行保值增值，进一步去挖掘。越来越多的企业要求做数字用户资产的审计和估值，这要通过技术去实现，因为要计算用户黏性、用户价值或不同价值用户的分布。更多的企业想通过自己的用户，对目前的产品组合或业务组合有一个更好的分析和布局，比如BAT里面有一个企业连续两年请我们做用户的迁移轨迹，我们可以看到它的40多个APP中哪些是做圈地运动的，哪些是做转化的，哪些是做服务客户黏性，提供高价值服务的。

当数字用户资产越来越丰厚，无论旅游企业是做"互联网＋"还是做"旅游＋"，其实是靠用户资产的向外迁移和进一步挖掘，延伸或蔓延渗透到其他行业，希望能够看到更多的企业做出更精彩的案例。

谢谢大家！

附录 2016年中国旅游集团20强

排名	企业名称
1	携程旅游集团
2	中国旅游集团公司
3	海航旅业集团有限公司
4	锦江国际(集团)有限公司
5	同程网络科技股份有限公司
6	华侨城集团公司
7	北京首都旅游集团有限责任公司
8	万达旅游控股公司
9	开元旅业集团有限公司
10	南京金陵饭店集团有限公司
11	上海春秋国际旅行社（集团）有限公司

续表

排名	企业名称	
12		景域国际旅游运营集团
13		安徽省旅游集团有限责任公司
14		广州岭南国际企业集团有限公司
15		众信旅游集团股份有限公司
16		杭州市商贸旅游集团有限公司
17		黄山旅游集团有限公司
18		山东银座旅游集团有限公司
19		中青旅控股股份有限公司
19		大连海昌集团有限公司
20		福建旅游发展集团有限责任公司